ACTES ET PIECES
servans de Mémoire à consulter. 22

AUJOURD'HUI eſt comparu pardevant les Conſeil-lers du Roi, Notaires à Paris ſouſſignés, BORACH-LEVY, Juif, établi à Haguenau en Alſace, étant de préſent à Paris, logé ruë de Tournon, Hôtel d'Angleterre, Paroiſſe S. Sulpice.

Lequel a préſenté à de Langlard, l'un deſdits Notaires, un cahier de papier à lettre contenant ſix feuillets & une page d'é-criture, dont il paroiſſoit vouloir qu'on lui donnât une copie ſi-gnée deſdits Notaires; & comme le diſcours contenu dans cet écrit étoit François, & que le Comparant avoit beaucoup de pei-ne à s'exprimer en notre langue, mais qu'il eſt apparu auſdits No-taires qu'il l'entendoit mieux qu'il ne la parloit, ils l'ont interro-gé, & reconnu par ſes réponſes qu'il ſouhaitoit que ce papier qui contient une relation de ce qui lui eſt arrivé à Paris, fût dépoſé, & qu'on lui en donnât une expedition; & pour s'aſſurer par leſ-dits Notaires, que ladite relation étoit conforme à ſes inten-tions, l'un deſdits Notaires lui en a fait lecture poſément, phraſe à phraſe, à chacune deſquelles il a fait connoître qu'il l'enten-doit, & qu'il l'approuvoit, prévenant même en pluſieurs en-droits la lecture pour dire la ſuite; c'eſt pourquoi leſdits No-taires l'ont annexé à ces préſentes, pour lui en délivrer les ex-peditions néceſſaires, après qu'il l'a ſignée & paraphée en leur préſence: Premierement en caracteres hebraïques dont il ſe ſert ordinairement, & enſuite en caracteres vulgaires, par lui copiés d'après un modele qu'il portoit ſur lui; dont du tout leſdits No-taires ont rédigé le préſent acte. A Paris ès Etudes, l'an mil ſept cent cinquante-deux le treize May; & a ledit Borach ſigné de même en caracteres hebraïques, & enſuite en caracteres vul-gaires d'après un modele, ainſi qu'il eſt dit en la minute des préſentes, demeurée audit Me. de Langlard, Notaire.

JE ſuis âgé de trente-un ans: Je ſuis né à Haguenau en Alſace, domination de France, Dioceſe de Straſ-bourg. Je ſuis fils de Moyſe-Levy & de Elle-Wolf. J'ai perdu mon pere à Haguenau il y a dix-neuf ans.

A

Ma mere s'eſt remariée avec Mayer-Aaron, Juif établi à Cerné en Alſace. Je ſuis moi-même marié à Hague-nau depuis ſeize à dix-ſept ans avec Mendel-Cerf, & j'en ai deux filles. Je ſuis couſin de Moyſe-Pline & d'Aaron-Mayer, Juifs réſidans à Moutzig près Straſ-bourg, qui ont été chargés d'entrepriſes pour le Ser-vice du Roi en Allemagne ; qui s'en ſont acquittés fidelement; qui à ce ſujet, ont acquis ici un puiſſant cré-dit, & je ſoupçonne qu'aujourd'hui, dans la ſituation où je me trouve, ils s'en ſervent contre moi.

Au mois de Mars 1751, je ſuis parti d'Haguenau, où j'ai laiſſé ma femme & mes deux filles avec elle, & je ſuis arrivé à Paris, d'où je ne ſuis point ſorti depuis ; c'étoit pour y ſuivre une affaire en Reglement de Juges que j'avois au Conſeil Privé du Roi, contre le nommé Rooz, au rapport de M. Boutin, Maître des Requêtes, & dans laquelle j'avois pour Avocat ès Conſeils, Mᵉ. Cal-vel, demeurant rue de la Harpe.

J'ai logé à mon arrivée, chez Boutelot, Aubergiſte rue de la Tixeranderie, pendant environ ſix ſemaines; enſuite pendant environ ſept mois chez Girard, Limo-nadier rue des cinq Diamans, où j'ai fait diverſes con-noiſſances, & entr'autres celle du ſieur du Mouſſet, qui y demeuroit dès-lors, & qui y demeure encore.

Dans cet intervale, je me ſentis pouſſé à embraſſer la Religion Chrétienne. Je fis part de mon déſir au Pere Crouſt, natif d'Alſace, Jéſuite & Confeſſeur de Madame la Dauphine. Il m'adreſſa au Pere Lamblat, Dominicain, natif d'Alſace, réſidant au Couvent de ſon Ordre rue S. Jacques, qui parle Allemand, & que j'avois déja entendu prêcher en cette langue.

Comme le Pere Lamblat étoit ſurchargé d'occupa-tions dans la circonſtance du Jubilé univerſel, ce Pere

s'excusa de se charger de moi, & il m'addressa à un Prêtre natif d'Alsace, qui sçavoit l'Allemand, qui étoit Ha-
bitué dans la Paroisse de St°. Marguerite, qu'un Ecclesiastique en place à Paris avoit donné au S°. Curé de cette
Paroisse comme un Sujet de mérite, & nécessaire pour
l'instruction de Soldats Suisses, qui y sont en grand
nombre, & qui parlent familierement la langue Allemande. Le Pere Lamblat ne connoissoit point lui-même
ce Prêtre; mais il en pensoit favorablement, parce que
ce Prêtre avoit des pouvoirs de Monseigneur l'Archevêque de Paris.

Je suivis le conseil du Pere Lamblat. Je m'adressai à
ce Prêtre; il me reçut à bras ouverts: il occupoit une
Chambre dans la Communauté des Prêtres de Sainte
Marguerite; il offrit de m'y recevoir avec lui. Je l'accep-
tai; j'y logeai environ trois semaines.

J'entends & je parle également les langues Hébraïque & Allemande. J'entends actuellement le François
lorsqu'on me le parle; mais je ne le parle encore que très-
peu & très-imparfaitement; c'est pourquoi, j'ai prié une
personne qui parle également l'Allemand & le François,
de rendre en François ce que je lui dis en Allemand. J'ob-
serve encore que je ne sçai lire & écrire que le caractere
Hébraïque.

Le Prêtre de Sainte Marguerite m'expliquoit de vive
voix le Cathéchisme Allemand d'usage à Strasbourg, &
pour me l'inculquer à moi-même, j'écrivois en caracteres
Hébraïques ce que j'entendois.

Dans le cours de l'instruction, ce Prêtre m'insinua que
le Baptême qu'il me faisoit espérer de recevoir bientôt,
romproit mon lien conjugal, & que je serois libre d'é-
pouser qui je voudrois; ce qui est assez d'usage en Allemagne à l'égard des Juifs qui embrassent la Religion
Chrétienne.   A ij

Le commerce que je faifois à Paris m'avoit donné la connoiffance du fieur Neffé Compagnon Orfévre, & de fa femme, qui demeuroient ruë de la Parcheminerie. J'y trouvai un jour une fille, à laquelle je ne fis aucune attention pour lors. Sur l'infinuation de ce Prêtre, que je pouvois après mon Baptême, me remarier, que je le devois même, je lui parlai de cette fille; il m'exhorta à penfer à elle, m'offrit de m'y aider, m'en procura même l'entre-vûe. Je dis en fa préfence à cette fille, que je ne me fentois pas éloigné de l'époufer, pourvû que ce mariage me fût permis, que je fuffe certain qu'elle avoit été toujours honnête fille, & qu'elle fe retirât dans un Couvent jufqu'à la célébration.

Auffitôt le Prêtre la mit dans une Auberge grande ruë du Fauxbourg Saint Antoine, par forme d'entrepos, durant quelques jours; il la fit entrer enfuite dans le Couvent de la Trinité, où il lui fournit un lit, & convint de fa penfion fur le pied de 300 liv. par an.

Quatre à cinq jours après je fus inftruit que cette fille avoit anciennement tenu une conduite dérangée. J'allai fur le champ la trouver. Je lui dis ce que je venois d'apprendre; je lui déclarai que je ne l'épouferois point, & qu'elle n'avoit qu'à s'en aller; elle le fit, & depuis, je ne l'ai pas revûe.

Dans ce même intervale je fus préfenté par ce Prêtre d'abord au fieur Curé de Sainte Marguerite & enfuite à Monfeigneur l'Archevêque de Paris; j'en fus accueilli tout au mieux; Monfeigneur l'Archevêque chargea même le Prêtre de m'inftruire, de me conduire, & de me recommander de fa part au fieur Curé de Sainte Marguerite. Le Prêtre s'acquitta de cette commiffion.

Quelques jours après le Prêtre me fit part que des Juifs étoient venus lui offrir 800 livres, s'il vouloit me

livrer à eux. Il me dit qu'il étoit bien éloigné de me livrer ; mais il m'ajouta qu'il seroit d'avis de recevoir toujours les 800 liv. Je rejettai la proposition ; elle me fit
entrer en méfiance contre ce Prêtre, dont la conduite
d'ailleurs me paroissoit plus qu'irréguliere.

J'allai m'en ouvrir au Pere Croust, qui me renvoya
au Pere Lamblat. Ce dernier, loin d'ajoûter foi à ce que
je lui confiois, parut s'indigner contre moi, de ce que je
décriois ainsi, me disoit-il, le Prêtre même qui m'instruisoit ; & il me dit nettement que je n'avois point d'autre
parti à prendre, que de retourner avec ce Prêtre. Je m'y
soumis, & j'y retournai.

Au bout de trois ou quatre jours, un Tapissier, faute
de payement, vint retirer tous les meubles qu'il avoit
fourni à ce Prêtre ; il nous fallut quitter sa Chambre. Ce
Prêtre en loua deux autres dans une Maison près la Raquette. Comme il n'avoit ni meubles ni crédit, & que
j'étois obligé de demeurer avec lui par les raisons que je
viens de dire, j'achetai un lit & quelques meubles. Je
priai le sieur Neffé de me fournir le surplus des meubles
dont nous avions besoin ; & sur ce que ce Prêtre assura
au sieur Neffé & à moi, que je serois baptisé dans dix à
douze jours au plus tard, le sieur Neffé consentit que sa
femme accompagnée d'une petite fille de neuf ans qui
coucheroit avec elle, vînt loger dans une des deux
Chambres, afin de veiller aux soins du ménage, &
d'aider dans l'embaras que causeroient nécessairement
les préparatifs du dehors pour mon Baptême.

Dix à douze jours passés, la conduite scandaleuse du
Prêtre éclata, il lui fallut quitter la Paroisse. Je restai encore cinq à six jours depuis sa sortie dans les deux Chambres près la Raquette. Je cherchois un endroit dans la
Ville pour m'y loger. Sur l'indication d'un Allemand,

je m'addreſſai rue Zacarie, chez Guery, Aubergiſte, qui me promit une Chambre au départ prochain d'un Officier qui l'occupoit. Comme j'avois vû Guery en Alſace, & que j'appris que le Prêtre de Sainte Marguerite étoit logé chez lui, je dis à Guery de ſe méfier de ce Prêtre, qui s'en iroit ſans payer, ce qui effectivement arriva avant que je logeaſſe dans cette Auberge.

Pour terminer tout ce que j'ai à dire de ce Prêtre, je dois obſerver qu'il ſe ſervit de mon nom, & à mon inſçû, pour tirer des ſecours de la charité de différentes perſonnes & même du ſieur Curé de Sainte Marguerite. Je n'étois alors nullement dans le beſoin. Je ne vivois point à ſa charge. Je payois exactement ma dépenſe.

Mon ſéjour dans les deux Chambres près la Raquete ayant été de quinze à dix-huit jours, j'allai, comme je viens de le dire, loger chez Guéry, d'où étoit parti, ſous prétexte d'un voyage, le Prêtre qui depuis n'a plus reparu. Je tiens ce fait de Guery même.

Il ne me reſtoit de reſſource pour me préparer au Baptême, que dans le Pere Lamblat. Je lui expoſai ma ſituation, & je le priai de ſe charger de moi.

Le Pere Lamblat voulut avant tout, être informé de ma conduite ſur Sainte Marguerite, & prendre l'agrément de Monſeigneur l'Archevêque. Ce Pere fit l'un & l'autre; il s'informa ſur la Paroiſſe; il écrivit même au ſieur Curé de Sainte Marguerite, & il le pria de faire publier au Prône, que ſi quelqu'un avoit quelque plainte à faire ou quelque créance à répeter contre moi, l'on s'addreſſât à lui Pere Lamblat. Le ſieur Curé de Sainte Marguerite lui fit réponſe, que perſonne ne s'étoit préſenté; que lui-même n'avoit aucun reproche perſonnel à me faire; mais qu'il avoit ſeulement de violens ſoupçons ſur mon compte, à cauſe de mon étroite liaiſon avec le Prêtre éclipfé, & de l'entrepos de la fille dans l'Auberge du Fauxbourg Saint Antoine, dont j'ai rendu compte. Le Pere Lamblat vit auffi Monfeigneur l'Archevêque ; il m'y préfenta ; Monfeigneur l'Archevêque me témoigna beaucoup de bonté, il me recommanda au Pere Lamblat, & le chargea expreffément de m'inftruire & de me conduire. Le Pere Lamblat le lui promit, & me donna fes foins.

Mon Auberge étoit de la Paroiffe Saint Severin. Je fus préfenté au fieur Curé de Saint Severin d'abord par Me. Calvel, enfuite & plufieurs fois par le Pere Lamblat. Quoique le fieur Curé de Saint Severin me reçût obligemment, néanmoins, les occupations dont ce Curé étoit furchargé dans une Paroiffe où il n'étoit que depuis un an, ne lui laifferent pas le tems & le loifir de s'intereffer pour moi rélativement à mon Baptême. Le Pere Lamblat s'en apperçut, & m'engagea à déloger pour prendre une autre Paroiffe. Je pris alors mon logement fur la Paroiffe de Saint Sulpice, rue de Tournon, Hôtel d'Angleterre, chez Thibault, Limonadier au Caffé de la Paix. C'eft celui que je tiens encore aujourd'hui.

Dès le commencement, & nombre de fois dans le cours du Carême de la préfente année 1752, le Pere Lamblat me préfenta au fieur Curé de Saint Sulpice & lui témoigna que j'étois inftruit & difpofé fuffifamment pour recevoir le Baptême. Le fieur Curé de Saint Sulpice promit de me l'adminiftrer, & en fixa le jour au Samedy Saint premier Avril dernier. Monfieur le Duc de Châtillon & Madame la Marquife de Rofen devoient me préfenter aux Fonts Baptifmaux. J'eus l'honneur de la voir à ce fujet, & je lui fus préfenté par le Pere Lamblat.

Tout étoit ainſi préparé. Le jour des Rameaux le P. Lamblat riſqua d'être aſſaſſiné dans ſon Couvent par un homme qui lui faiſant viſite, tira un poignard pour le forcer de m'abandonner. Le Pere Lamblat fut ſaiſi d'effroi, & en tomba malade.

Le Mercredy Saint, le ſieur Curé de Saint Sulpice, ſur une lettre du ſieur Curé de Sainte Marguerite, qui ne m'étoit pas avantageuſe, alla voir le Pere Lamblat, & lui donna communication de cette lettre. Le Pere Lamblat me juſtifia ſi pléinement, que le ſieur Curé de Saint Sulpice perſévera, nonobſtant la lettre, dans la réſolution priſe de me baptiſer le Samedy Saint, & en réitera ſa parole; il ajouta cependant qu'il croyoit en devoir prévenir Monſeigneur l'Archevêque, qu'il y alloit de ce pas, & qu'il feroit ſçavoir ce qui lui auroit été dit.

Le reſte du Mercredy Saint, le Jeudy Saint, le Vendredy Saint ſe paſſent: point de nouvelles du ſieur Curé de Saint Sulpice. J'allai à jeun le trouver le Samedy Saint; il me dit qu'il ne pouvoit plus ſe mêler de moi, & que le Pere Lamblat & moi viſſions Monſeigneur l'Archevêque.

Le Jeudy de Pâques 6 Avril, je me rendis avec le Pere Lamblat chez Monſeigneur l'Archevêque. Il me dit de retourner à Haguenau, ou de m'en aller à Metz; & que je ne pouvois être baptiſé à Paris. Je pris la liberté de lui en demander briévement, & le plus intelligiblement qu'il me fût poſſible, la cauſe. Il me répondit qu'il ſçavoit comment j'avois vêcu à Haguenau; ce qui m'en avoit fait ſortir; quelle vie j'avois menée à Paris, & qu'abſolument je n'y recevrois jamais le Baptême: Puis ſe tournant vers le Pere Lamblat, qui lui répréſentoit qu'il lui avoit montré le certificat des Magiſtrats d'Haguenau,

guenau, qui portoit de moi un témoignage avantageux.
Il dit à ce Pere, en me montrant, qu'il se mêloit d'un
mauvais Sujet ; qu'il feroit fort bien de me laisser-là. Je
me retirai aussitôt, le Pere Lamblat resta. Monseigneur
l'Archevêque lui défendit de m'instruire davantage ; du
moins ai-je lieu de le présumer, puisque le Pere Lamblat craindroit de se compromettre, en me rendant les
mêmes services.

Je portai le Vendredy 14 Avril, l'original de ce certificat des Magistrats d'Haguenau, & un nouveau Placet
chez Monseigneur l'Archevêque. Je ne le trouvai point;
je laissai le tout en paquet cacheté à son Suisse.

Par ce Placet, je conjurois Monseigneur l'Archevêque
de permettre que je reçusse le Baptême ; de ne point
croire ce qui se disoit de mal sur mon compte, parce
que c'étoit pure calomnie ; de ne pas imaginer que ce
fût par un sordide interêt que je demande le Baptême,
parce que je suis content, pourvû que je le reçoive,
qu'on m'enferme dans un Couvent, ou même à *Bicêtre*,
en disposant du bien que j'ai à recouvrer pour y payer
ma pension.

J'allai le Mardy 18 Avril, en recevoir la réponse.
Monseigneur l'Archevêque me dit qu'il avoit assez parlé
de moi, & de m'en aller. Je me retirai, & mon Placet &
mon certificat lui demeurerent. Ce certificat est du 7
Janvier dernier ; & le 4 Mars suivant, sur le désir préce-
demment témoigné par Monseigneur l'Archevêque,
il a été légalisé par M. Megret de Serilly, Intendant
d'Alsace.

Je fus quelque tems sans sçavoir que devenir. J'avois
pris pendant plus de six mois les instructions du Pere
Lamblat, & cependant je me trouvois sans ressource. Je
frappai à différentes portes pour pouvoir obtenir de Mon-

B

feigneur l'Archevêque la permiffion de recevoir le Baptême. Je m'addreffai entr'autres perfonnes au fieur
Prieur du Temple ; toutes mes démarches n'aboutirent à
rien.

Alors je confultai des Avocats au Parlement ; comme ils remarquerent que j'avois épuifé toutes mefures
de devoir, & même toutes les bienféances, ils me
confeillerent de faire au fieur Curé de Saint Sulpice,
par le miniftere d'un Huiffier, une fupplication & réquifition de m'adminiftrer le Baptême, de me fixer le
jour qu'il lui plairoit pour cela, à l'effet de quoi je lui
expoferois les principaux articles de ma foi ; & en cas
de refus, de m'en expliquer les caufes. Je les priai d'en
dreffer le projet ; ils le firent.

Comme je ne connois point d'Officier de Juftice je
les priai de m'en procurer un ; celui des Avocats chez
qui j'étois ne connoiffant point lui-même d'Huiffier,
fit prier un Procureur de fon voifinage de lui indiquer le
fien. L'Huiffier de ce Procureur étoit à la Campagne ; le
Clerc de cet Huiffier vint, & comme il lui fut dit qu'il
falloit un Huiffier en perfonne, il alla chercher, & ame-
na avec lui *Claude Antoine Henry*, Huiffier à Cheval
au Châtelet de Paris. Le projet dreffé fut donné à l'Huiffier qui s'y conforma, & fit la fignification au fieur Curé
de Saint Sulpice le 5 May préfent mois. J'affiftois en
perfonne l'Huiffier ; & j'avois pris avec moi *François
Cheff*, Tailleur d'habits, qui demeure rue Saint-Domi-
nique Fauxbourg Saint-Germain ; c'étoit afin que comme il parle Allemand & François, en cas que j'euffe à
parler, il me fervît d'Interprete pour rendre ce que je
dirois. L'Huiffier étoit affifté encore de deux autres
Témoins. Le fieur Curé de Saint Sulpice garda le filence fur ma fupplication & réquifition, tant du Bap-

tême que de la fixation du jour : Il répondit uniquement fur celle *En cas de refus d'en expliquer les caufes*, qu'il rendroit compte de fa conduite, quand & à qui il appartiendra.

J'ai depuis appris que le foir du même jour 5 May, une Perfonne fupérieure manda *François Cheff*, qui m'avoit fervi d'Interprete, lui en fit de vives réprimendes; lui peignit le rifque que lui & l'Huiffier couroient; l'intimida fi efficacement, que *Cheff* m'a déclaré qu'il ne me prêteroit plus fon fervice.

J'ai de plus appris que le foir du 9 May préfent mois, l'Huiffier *Henry* eft totalement difparu.

Ces deux dernieres circonftances ajoutées à l'offre qui fut faite d'argent au Prêtre de Sainte Marguerite pour qu'il me livrât, & au rifque qu'a couru le Pere Lamblat d'être affaffiné à mon occafion, me donnent lieu de craindre pour moi-même, & me conftituent dans le cas & dans la néceffité de me mettre fous la fauve-garde & protection de Noffeigneurs de Parlement.

C'eft pour y parvenir que j'ai rédigé les faits ci-deffus, & que je les ai fait rendre en François.

Et l'original des préfentes figné & paraphé dudit Borach-Levy eft demeuré annexé à la minute de l'acte de dépôt, dont l'expédition eft des autres parts, le tout demeuré audit M°. de Langlard, Notaire, (*figné*) GARCERAND (&) DE LANGLARD (*avec paraphes. Et en marge eft écrit*) Scellé ledit jour, reçu vj fols, (*avec paraphe.*)

Sommation faite au Sieur CURE' DE SAINT SULPICE.

L'AN mil fept cent cinquante-deux le cinquième jour de May, à la requête de BORACH-LEVY, Juif, âgé de trente-un ans, natif d'*Haguenau*, Ville d'*Alface*, domination de France,

Diocefe de *Strafbourg*, de préfent à *Paris*, logé depuis plus de deux mois ruë de Tournon à l'Hôtel d'Angleterre, chez le fieur *Thibault*, Limonadier au Caffé de la Paix, Paroiffe *Saint Sulpice*. Je CLAUDE-ANTOINE HENRY, Huiffier à Cheval au Châtelet de *Paris*, y demeurant *rue neuve & Paroiffe Saint Merry*, fouffigné, affifté dudit fieur Borach-Levy en perfonne, & de mes Témoins ci-après nommés, me fuis tranfporté en la Maifon Prefbyterale du *Curé de Saint Sulpice*, fife *rue des Aveugles*, & y ai demandé à parler à Meffire JEAN DU LAU D'ALLEMANS, *Curé* de ladite Paroiffe *de Saint Sulpice*, auquel parlant à fa perfonne, j'ai déclaré que ledit fieur *Borach-Levy*, en continuant la très-humble priere & fupplication par lui faite audit fieur *Curé de Saint Sulpice*, dans le cours du Carême dernier, notamment le Samedy Saint premier Avril dernier, *de lui adminifirer* le *Sacrement de Baptême*, conformément à l'efperance que led. *Sr. Curé de S. Sulpice* lui en avoit donné, fur le *témoignage qu'il étoit inftruit des vérités du Chriftianifme, & fuffifammen difpofé quant aux mœurs & à la conduite*; ledit témoignage donné audit fieur Curé par le Reverend Pere REGINALD IGNACE LAMBLAT, *Religieux Profes de l'Ordre de Saint Dominique*, réfidant actuellement au Couvent de cet Ordre fis à *Paris* rue *Saint Jacques*, qui s'étoit CHARGÉ DE L'INSTRUCTION ET DE LA DIRECTION dudit fieur Borach-Levy, SUR LA RECOMMANDATION EXPRESSE DE MONSEIGNEUR L'ARCHEVÊQUE DE PARIS, & même conformément à la PROMESSE que ledit fieur *Curé avoit faite* audit fieur *Borach-Levy* & audit Pere Lamblat de BAPTISER ledit fieur *Borach-Levy* ledit jour Samedy Saint, REITERE par ces préfentes ladite priere & fupplication, & en tant que befoin *requiert* ledit fieur Curé de lui accorder le Sacrement de Baptême, qu'il défire avec la plus grande ardeur, fans lequel il eft convaincu qu'il n'y a point de falut pour lui. Le fupplie, le requiert, & même le SOMME de, à cet effet, *fixer, determiner, & déclarer*, dès-à-préfent, le jour auquel il lui adminifirera le Sacrement de Baptême; déclarant ledit fieur Borach-Levy, audit fieur Curé, que fermement il croit de toute la plenitude de fon cœur, & confeffe de bouche toutes les vérités que croit & profeffe l'Eglife Catholique, Apoftolique & Romaine; notamment la Trinité des Perfonnes divines dans l'unité de l'effence, la vérité du Meffie, feconde Perfonne de la Trinité, qui s'eft incarné parmi nous, eft né de MARIE demeurée Vierge, qui a jouffert fous Ponce-Pilate, qui a été crucifié, qui eft mort, qui a été enfeveli, qui eft defcendu aux Enfers, qui le troifième

jour après sa mort est ressuscité, qui est monté aux Cieux, qui a envoyé le SAINT-ESPRIT; qui viendra juger les vivans & les morts;
l'Eglise Catholique, la Communion des Saints, la rémission des péchés par JESUS-CHRIST, la résurrection de la chair, la vie éternelle;
& en cas de refus par ledit sieur Curé, de satisfaire aux désirs, à
la priere, supplication, réquisition, & sommation ci-dessus,
SOMME & interpelle ledit sieur Curé de déclarer présentement les
motifs de son refus, aux protestations que fait ledit sieur Borach-
Levy de se pourvoir, audit cas dudit refus, par les voyes
de Droit, ainsi, & devant qui il appartiendra.

DÉCLARONS (ce mot est écrit de la main du sieur Curé de
Saint Sulpice sur sa copie, mais un de ses Prêtres lui ayant conseillé
de ne point écrire & de ne point signer, il a répondu de vive voix
ce qui suit :)

Lequeldit sieur Curé de Saint Sulpice a fait réponse: qu'il REN-
DROIT COMPTE DE SA CONDUITE QUAND ET A QUI IL APPARTIEN-
DRA. Sommé de déclarer s'il avoit autre réponse à faire que celle ci-
dessus, A DIT que non; comme aussi, sommé de signer sa réponse,
A REFUSE'.

Laquelle réponse j'ai pris pour refus; pourquoi, je lui ai
déclaré que ledit sieur Borach-Levy se pourvoira sur ledit refus,
pardevant qui il appartiendra, ainsi que de raison; pour raison
de quoi il fait par ces présentes, toutes réserves & protestations de Droit, & ai à mondit sieur Curé de Saint Sulpice, parlant que dit est à sa personne. . . . &c. Signé, Borach-Levy,
François Cheff, de Rougemont, le Maître, & Henry, avec paraphes.
Contrôlé à Paris le 5. May. 1752.

A MONSEIGNEUR L'ARCHEVESQUE DE PARIS.

LEs vases d'or sont éprouvés par le feu, & les Elus par
la tribulation. Plus on souffre à l'exemple de Jesus-Christ,
plus on se rend digne à recevoir son Baptême. C'est à cette fin
que je souffre avec patience, même avec une vraye joye, tout
ce qui m'arrive de fâcheux. Que les Juifs me persécutent; que
les Chrétiens m'abandonnent: loin de me rebuter, je sens que
ma foi, ma confiance, mon attachement au Messie, s'en aug-
mentent. Je sçai que pour avoir part à sa gloire, il faut être prêt

à boire dans ſon Calice ; je ſuis prêt à y boire juſqu'à la derniere goute. Oui, MONSEIGNEUR, plutôt vous me verrez mourir à vos pieds que de quitter ſans avoir obtenu la permiſſion de me faire baptiſer : Car enfin, ſi vous me refuſez, qui eſt-ce qui m'adoptera? Si juſqu'à préſent VOTRE GRANDEUR m'a traité avec dureté, ce n'a été, ſans doute, que pour éprouver la ſincerité de ma converſion, & non pour me refuſer abſolument un Sacrement, qui eſt le ſeul moyen pour être ſauvé, & que l'Egliſe a coutume de donner à tous ceux qui le demandent.

Ne vous arrêtez point à ce que le Curé de Sainte Marguerite vous dit ; je ſuis en état de prouver que tout eſt calomnie. Ma conduite a toujours été ſans tache. Mais, ſuppoſé que j'aye été le plus grand ſcelerat du monde, je ne le ſuis plus. J'ai donné des preuves d'un vrai Pénitent ; & ſi vous doutez de ma conſtance, commencez toujours par me donner le Baptême. Vous pouvez enſuite ſaiſir le peu de bien qui me reſte, après les dépenſes que j'ai faites pour avoir le Baptême, pour m'en faire une penſion dans un Couvent, ou à Bicêtre, ſi vous voulez. Ne me dites plus de retourner dans mon Pays ; que pourrois-je y faire? Si je rejoins les Juifs, je ſuis ſûr d'être empoiſonné, & les Chrétiens ſçauront avant que j'y arrive, que vous avez refuſé de me baptiſer, refus qui ſuppoſe des crimes, je ne ſçai de quelle nature.

Copie d'un certificat des Magiſtrats d'Haguenau donné en forme de Lettre, dont l'original légaliſé eſt entre les mains de M. l'Archevêque.

A Haguenau ce 7 Janvier 1752.

MONSIEUR,

Le Magiſtrat eſt édifié du zele avec lequel vous agiſſez pour la propagation de la Foi par la converſion de *Borach-Levy* Juif, natif de notre Ville. Il ſe fait un devoir de concourir en toutes occaſions à des deſſeins auſſi loüables.

Il y a lieu d'eſperer, Monſieur, que le nouveau Converti, par la grace que le Sacrement de Baptême doit operer, ſe gouvernera en bon Chrétien ; ce ſera une ſuite de vos bonnes exhortations & inſtructions . . . . . (*Dans l'original, ſont ici des témoignages de la vive & reſpectueuſe reconnoiſſance des bontés & de la protec-*

tion dont feu M. le Duc d'Orleans honoroit BORACH-LEVY.)

A l'égard de sa conduite passée comme Juif, il s'est comporté comme tous les autres de cette Nation. Nous vous aurons en particulier grande obligation de vouloir bien continuer vos soins & votre zele jusqu'à la consommation de cette œuvre salutaire que vous avez si bien commencé.

Nous avons l'honneur d'être avec respect, Monsieur, vos très-humbles & très-obéïssans Serviteurs les Prêteur Royal, Stattmaîtres & Magistrats d'Haguenau, ROTAU JACOB, Syndic.

Nous Maître des Requêtes, Intendant de Justice & Police & Finances en Alsace, certifions que la Lettre des autres parts est réellement des Prêteur, Stattmaîtres & Magistrats de la Ville d'Haguenau. Fait à Paris ce 4 Mars 1752. *Signé,* SERILLY.

CERTIFICAT DE M. DUGUÉ.

JE certifie que le nommé BORACH-MOISE LEVY m'a été recommandé au mois de Juillet dernier par les sieurs Moïse Pline & Aaron-Mayer, Juifs, demeurans en Alsace, au sujet d'une affaire qu'il avoit au Conseil, au rapport de M. Boutin, Maître des Requêtes, & que lesdits Pline & Mayer sont de fort honnêtes gens; reconnus pour tels de tous les Officiers Généraux de la derniere Guerre; de Messire de Brou de la Grandville, Conseiller d'Etat, & de beaucoup d'autres personnes de consideration, ayant fait de grandes entreprises pour la fourniture des Troupes de l'Armée du Rhin, desquelles ils se sont tirés avec honneur, & à la satisfaction de tout le monde; en foi de quoi je lui ai donné le présent certificat, pour lui valoir & servir. A Paris, le 27 Décembre 1751. *Signé* DUGUE'.

CERTIFICAT DE Mᵉ. CALVEL.

JE soussigné Avocat au Parlement & aux Conseils du Roi, certifie que BORACH-LEVY, Juif de Nation, demeurant à Haguenau en Alsace, est venu exprès à Paris depuis environ onze mois, à l'effet de poursuivre & faire juger au Conseil d'Etat Privé de Sa Majesté, & au rapport de M. Boutin, Maître des Requêtes, un Procès en Reglement de Juges contre le nommé Simon-Roos, & dans lequel j'étois son Avocat; qu'après être parvenu à le faire juger, & à le gagner avec dépens, il auroit

témoigné vouloir fe convertir à la foi Catholique., & qu'après
avoir reçu des premieres inftructions à ce fujet, il fe feroit ad-
dreffé à moi comme fon Avocat., & comme lui ayant rendu
certains fervices pendant fon Procès, pour me prier de le mettre entre les mains de M. le Curé de Saint Severin ma Paroiffe,
ce que j'aurois fait en allant moi-même avec lui chez mondit
fieur Curé, qui a bien voulu l'accueillir favorablement, & qui
a eu la bonté de lui promettre qu'il le favoriferoit, en faifant
pour lui tout ce qu'il pourroit, s'il trouvoit en lui des inten-
tions pures & droites; que les chofes font actuellement dans
cette fituation; enfin, que je n'ai jamais fçû, ni qu'il n'eft jamais
venu à ma connoiffance, que ledit Borach-Levy ait rien fait
contre la probité, les fentimens & l'honneur; qu'au contraire,
je l'ai toujours trouvé très-exact en tout. Fait à Paris ce 3 Janvier 1752. *Signé* CALVEL.

Lettre de Mindel-Cerf à Borach-Levy.

MON CHER MARI,

Les dernieres nouvelles qu'on a reçu ici à votre fujet me
donnent quelques lueurs d'efpérance de vous revoir. Vous êtes
encore, à ce que l'on dit, dans votre premier état. Je vous prie
de bien réflechir avant que de faire un faux pas, qui feroit un
tort irréparable à votre femme, à vos enfans & à toute votre
famille. Il paroît que Dieu exauce mes vœux & les prieres que
lui adreffent de deffous la terre feu votre pere & tous vos ancê-
tres, puifque vous trouvez tant d'obftacles dans l'exécution de
ce que vous aviez envie de faire. Il n'eft pas extraordinaire qu'on
foit tenté quelquesfois à faire le mal; mais Dieu a des moyens
pour nous foutenir & ramener à lui. Dites-moi, mon cher Borach,
les biens de ce monde n'étant que paffagers, méritent-ils qu'à leur
égard vous facrifiez votre ame, celle de votre époufe & de vos
enfans? Helas! Que penfez-vous, vous ai-je jamais donné le
moindre fujet de vous plaindre de moi? Si Paris n'étoit qu'à
vingt lieues d'ici, j'irois à pied vous y joindre. J'aurois mille chofes
à vous dire qui fûrement vous tourneroient le cœur. Dieu vous
pardonnera tout autre peché, fi feulement il vous voit retourner vers nous. On a vendu votre maifon; mais cela ne doit

pas

pas vous mettre en fouci ; je fçais qu'on eft prêt à faire tcut
pour vous , venez donc je vous en conjure. Un chagrin des
plus cruel me dévore. Vous avez le cœur naturellement bon ,
& je me flatte que vous fuivrez plutôt les bonnes infpirations
de Dieu que celles du Démon qui ne cherche qu'à vous nuire.
Si vous aviez le pouvoir de prolonger votre vie tant que vous
voudriez, vous pourriez en donner une partie au Monde , &
réferver l'autre pour vous réconcilier avec Dieu. Les maladies
que vous avez déja effuyées, vous font connoître que votre com-
plexion n'eft pas des plus fortes. La mort pourroit bien vous fur-
prendre dans l'état où vous êtes , & où iriez-vous ? Nous
voyons tous les jours des perfonnes jeunes & vigoureufes par-
tir pour l'autre Monde. Le petit Cerf votre neveu vient de
mourir ; fa maladie n'étoit que de trois jours. Je n'en dis pas
davantage : vous avez affez de jugement pour comprendre combien vous rifquez. Que le Procès à Paris aille comme il pourra,
revenez au Pays, je vous pardonne de tout mon cœur. Vous ne
devez rien ici & n'avez abfolument rien à craindre ; au contraire
vous y trouverez tout le monde difpofé à vous faire beaucoup de
bien. Si vous aimez mieux demeurer à Cerné où eft votre mere,
je vous y fuivrai. Que je ferois heureufe fi je pouvois vous voir
encore avant Pafques pour manger les Azimes avec vous ! Ré-
jouiffez-moi inceffamment d'une favorable réponfe. Votre neveu
peu avant fa mort a demandé de vos nouvelles ; il faut donc que
je meure, difoit ce bon enfant, fans avoir vû mon cher oncle.
Borach , eft-il poffible que vous puiffiez m'oublier totalement
auffi bien que votre mere , qui n'a plus que deux jours à vivre ?
Grand Dieu ! qui avez voulu que mon mari foit né dans le
Judaïfme, attendriffez fes entrailles, infpirez-lui de la compaffion
pour moi, afin qu'il vienne me rejoindre en bon Juif ; en quoi
vous ai-je offenfé , Seigneur, pour avoir mérité de fi hcrribles
châtimens ! Ce qui augmente mes douleurs, c'eft de voir mes
pere & mere s'arracher les cheveux de cette avanture. Jamais
jeune femme n'a eu tant de malheur que moi : Mais Dieu qui
me l'envoye, y mettra fin. Je mets toute ma confiance en lui
& me flatte qu'il ne m'abandonnera point. Borach , mon cher
Borach , ayez pitié de moi ; ne manquez pas de m'écrire ou
plutôt de revenir. L'excès de douleur me fait finir ma Lettre
& peut-être ma vie.

C

CONSULTATION.

LE Conseil soussigné, requis par Borach-Levy, Juif, présent, de prendre lecture :

1°. D'une expédition contenant acte reçu par *de Langlard*, qui en a minute, & son Confrere, Notaires à Paris, le 13 May 1752, & un récit de faits dont l'original présenté, certifié, & signé dudit *Borach-Levy*, est annexé à cette minute.

2°. De copie d'un exploit de CLAUDE-ANTOINE HENRY, Huissier à Cheval au Châtelet de Paris, en datte du 5 May 1752, contenant priere & réquisition par *Borach-Levy*, du Sacrement de Baptême, au sieur du Lau d'Allemans, Curé de Saint Sulpice à Paris ; ensemble de la fixation d'un jour pour l'administration, & d'expliquer, en cas de refus, les causes du refus ; comme aussi la réponse dudit sieur Curé.

3°. De copie d'un quatriéme placet donné par *Borach-Levy* le 14 Avril 1752 à M. l'Archevêque de Paris.

4°. De copie par extrait d'un certificat du 7 Janvier 1752, donné par les Magistrats d'Haguenau, légalisé par M. MEGRET DE SERILLY, Intendant d'Alsace, le 4 Mars suivant, & dont *Borach-Levy* a dit que l'original est ès mains de M. l'Archevêque de Paris depuis le 14 Avril 1752.

5°. De copie d'un certificat du 27 Décembre 1751, signé *Dugué*, que *Borach-Levy* a dit être Secretaire de M. FEYDEAU DE BROU, ci-devant Intendant d'Alsace.

6°. De copie d'autre certificat du 3 Janvier 1752, signé de M⁰. *Calvel*, Avocat ès Conseils.

7°. De copie d'un écrit que *Borach-Levy* a dit être la traduction d'une lettre à lui écrite par *Mendel-Cerf* sa femme, en Septembre ou Octobre 1751, en caracteres hébraïques, partie en langue Hébraïque, partie en langue Allemande.

8°. De l'original d'un Brevet du Roi du 12 Juin 1751, signé LOUIS, & plus bas par le Roi, M. DE VOYER D'ARGENSON, portant permiffion à *Borach-Levy* de refter trois mois à Paris, & regiftré chez le fieur Lieutenant Général de Police, le 26 du même mois.

Après avoir pris lecture defdites piéces, & que *Borach-Levy* a de vive voix ajouté, que fon intention préfente, en recevant le Baptême qu'il défire, eft de ne point prendre de femme autre que *Mendel-Cerf*, tant que Dieu, qui la lui a fait époufer dans la Religion Juive, lui accordera la grace & la fatisfaction de la lui conferver; après que ledit *Borach-Levy* a déclaré que le rifque qu'a couru le Pere *Lamblat* le jour des Rameaux 26 Mars 1752, avoit été précédé d'une offre de 4000 l. faite quelque tems auparavant à ce Pere, pour qu'il ceffât tout-à-fait de lui donner fes foins; que depuis même la priere & réquifition fignifiée le 5 May 1752, au fieur Curé de Saint Sulpice, une Juive nommée la *Dame Salomon*, & d'autres Particuliers ont cherché à le joindre pour lui faire des offres de tout l'argent dont il auroit befoin pour retourner dans fa famille.

Sur ce que *Borach-Levy* demande qu'il lui foit indiqué une route réguliere pour fe procurer le Baptême dont fans aucune caufe, & fans vouloir en expliquer, le fieur Curé de Saint Sulpice lui refufe l'adminiftration, & que M. l'Archevêque de Paris, fur de fauffes idées qui lui ont été fuggerées, dont il ne veut pas même approfondir la fauffeté, ne veut pas permettre qu'il reçoive dans fon Diocefe :

C ij

E s t i m e que le refus fans caufe & fans vouloir en expliquer de la part du fieur Curé de Saint Sulpice, & le refus fur de fauffes idées fuggerées, fans vouloir même en approfondir la fauffeté, de la part de M. l'Archevêque de Paris, ne font pas légitimes ; que l'unique voye que *Borach-Levy* ait à prendre, eft de dénoncer publiquement ces refus à la Puiffance fouveraine confiée au Parlement, toutes les Chambres assemble'es, & de fe mettre en même-tems fous la *fauve-garde* & protection de cette Puiffance.

Ces deux Propofitions ne font fufceptibles d'aucun doute.

PREMIERE PROPOSITION.

Les refus dont il s'agit ne font pas légitimes.

Pour s'affurer plus facilement de la vérité de cette propofition, il faut d'abord établir : 1°. Ce que c'eft que le Baptême, fon origine, fa néceffité, & le précepte de fon adminiftration. 2°. Que les Juifs y font appellés auffi-bien que les Gentils, & même par préférence aux Gentils. 3°. Que l'adminiftration du Baptême eft une dette du Miniftre, dont l'acquit eft l'accompliffement de la volonté de D i e u, & le vœu de l'Incarnation du Verbe ; que le refus illégitime d'adminiftrer ce Sacrement eft une révolte contre cette volonté & ce vœu. 4°. Que la maxime de n'exclure perfonne du Baptême appartient au Droit Divin & Canonique, & au Droit Civil. 5°. Qu'anciennement les Evêques étoient chargés de l'adminiftration du Baptême ; qu'aujourd'hui de Droit Divin & même par le concours des deux Puiffances, ce font les Curés qui en font chargés. 6°.

Quand eſt dûe l'adminiſtration du Baptême, & quand
elle n'eſt pas dûe. 7°. Combien dure le Catéchumenat. 8°. Quels ſont les effets du Catéchumenat.

Enſuite en appliquant les principes à l'eſpece pro-
poſée, la preuve de la premiere Propoſition ſe trou-
vera démontrée.

§. I.

Ce que c'eſt que le Baptême, ſon origine, ſa néceſſité,
le précepte de ſon adminiſtration.

Le *Baptême* eſt un Sacrement que JESUS-CHRIST a in-
ſtitué, qui régenere en lui ceux qui le reçoivent; qui en
imprimant ſur eux ſon caractere d'une maniere ineffa-
çable, les donne à Dieu & à ſon Egliſe pour enfans, &
ſans lequel, depuis la deſcente du SAINT-ESPRIT (*a*) il
n'y a point de ſalut pour l'homme.

Le Baptême eſt le premier des Sacremens; c'eſt lui
qui donne le droit de participer aux autres Sacremens (*b*): *Baptiſmum Sacramentorum fundamentum, &*
Janua reliquorum.

Saint Jean-Baptiſte avoit figuré ce Sacrement par le
Baptême d'eau qu'il donnoit, & il l'avoit annoncé en
termes exprès, en diſant de JESUS-CHRIST (*c*): CELUI
qui vient après moi, qui eſt plus puiſſant que moi, dont je
ne ſuis pas digne de porter les ſouliers, d'en délier même les
cordons, vous baptiſera dans le Saint-Eſprit & dans le
feu.

JESUS-CHRIST n'a pas dédaigné la figure; il a voulu
être lui-même *baptiſé* par Saint Jean-Baptiſte (*d*). Par
cette conduite il indiquoit dès-lors le beſoin que tout
homme auroit du Sacrement de Baptême pour lui appartenir; il en a en effet établi la néceſſité, en diſant

(*a*) Pontas (d'après Sylvius) Dictionn. des cas de conſc. au mot *Baptême.*

(*b*) Boniface VIII. in cap. 1, de cognat. Spiritu, in texto.

(*c*) Math. 3. 11. Marc. 1. 7. & 8. Luc. 3. 16. Jean. 1. 33.

(*d*) Math. 3. 13-17. Marc. 1. 9-11. Luc. 3. 21 & 22. Jean. 1. 29-34.

(a) Jean, 3. 5. à Nicodême (a), que, *si un homme ne renaît de l'eau & du Saint-Esprit, il ne peut entrer dans le Royaume de Dieu.*

Ce divin Sauveur a lui-même administré ce Sacrement. Saint Jean le dit expressément dans son Evan-

(b) Id. 3. 22. gile (b) : *Après cela Jesus étant venu en Judée, suivi de ses Disciples, il y demeuroit avec eux, & y baptisoit;* & Saint Clement d'Alexandrie, qui est mort vers l'an 217 de Jesus-Christ, atteste également que Jesus-Christ baptisoit, en disant dans le livre 5 de ses *hypotyposes* ou insti-

(c) Dom Remy Ceillier, tom. 2. chap. 26. Art. 7. §. 12. tutions, que *Jesus-Christ baptisa Saint Pierre* (c).

Il est vrai que Saint Jean dit dans un autre endroit

(d) 4. 2. que *Jesus ne baptisoit pas lui-même; mais qu'il faisoit baptiser par ses Disciples* (d). La différence apparente de ces deux passages de S. Jean ne les rend pas contradictoires, l'Esprit Saint ne pouvant jamais être contraire avec lui-même dans les vérités, même de fait, qu'il daigne réveler aux hommes; & supposé qu'il fallût entendre & interpréter les passages de Saint Jean & de Saint Clement par cet autre passage de Saint Jean, il seroit toujours également certain que l'institution du Sacrement de Baptême est de Jesus-Christ, & qu'il en autorisoit dans le cours de sa vie mortelle la pratique. Les Pharisiens eux-mêmes pensoient ainsi; car Saint Jean

(e) 4. 1. dit (e) *qu'ils avoient appris que Jesus-Christ faisoit plus de Disciples, & qu'il baptisoit plus de personnes que Jean.*

Jesus-Christ depuis sa résurrection a été bien plus loin; il a ordonné cette pratique par un commandement formel, & il a exprimé toute la force de son commandement, en déclarant qu'il dérivoit de sa puissance.

(f) Math. 28. 18 & 19. *Toute puissance, a-t'il dit à ses Apôtres (f) m'a été donnée dans le Ciel & sur la Terre. Allez donc & instruisez tous* les peuples en les BAPTISANT *au nom du Pere , du Fils & du* *Saint-Efprit* . . . . *Répandez-vous* (a) *dans tout le* *monde , & prêchez l'Evangile à toute créature. Celui qui* *croira , & fera baptifé , fera fauvé.*

(a) Marc. 16. 15 & 16.

C'eft fans doute, en conféquence de cet ordre d'adminiftrer le Baptême , & attendu la néceffité de ce Sacrement pour le falut, que les Peres affemblés à Trente déclarent anathême quiconque dira (il eft plufieurs manieres de dire) qu'il eft indifférent d'être ou de ne pas être baptifé, & que le Sacrement de Baptême n'eft pas néceffaire au falut. *Si quis dixerit* (b) BAPTISMUM *liberum* *effe , hoc eft , non neceffarium ad falutem ,* ANATHEMA SIT.

(b) Synod. Trident. fect. 6. de Baptifmo , Can. 4.

§. I I.

Les Juifs & les Gentils appellés au Baptême , *les Juifs par préférence.*

En introduifant le Baptême, en établiffant fa néceffité, en ordonnant fon adminiftration, JESUS-CHRIST n'a excepté perfonne. *Inftruifez tous les peuples en les baptifant,* a-t-il dit : *Prêchez l'Evangile à toute créature.*

Les Juifs ne font donc pas exclus, puifqu'ils font partie des Créatures de Dieu , & qu'ils font du nombre des Nations & des Peuples de la Terre. D'ailleurs JESUS-CHRIST né au milieu d'eux n'étoit envoyé que pour eux, lui-même le dit (c) expreffément, en répondant à la Cananée : NON SUM MISSUS NISI AD OVES *quæ perierunt* DOMUS ISRAEL ; & Saint Paul , dans une prédication aux Juifs d'Antioche de Pifidie, le répete : » C'eft à vous , » mes freres, dit-il , qui êtes enfans de la race d'Abra- » ham (d) & c'eft pour ceux d'entre vous qui ont la » crainte de Dieu, que le Verbe du Salut a été envoyé.

(c) Math. 15. 24.

(d) Act. 13. 26.

» *Viri Fratres , filii generis Abraham , & qui in vobis ti-*
» *ment Deum , vobis Verbum falutis hujus miffum eft.* C'eſt

(a) Act. 13. 46.
» à vous (leur ajoute-t'il (*a*) enſuite en les voyant rem-
» plis contre lui d'un faux zele, & blaſphêmer,) c'eſt à
» vous qu'il falloit annoncer *d'abord* le Verbe de Dieu. «
Vobis opportebat primum *loqui Verbum Dei ;* & en le leur
annonçant d'abord, il s'étoit conformé à ce précepte
donné par *Jeſus-Chriſt* à ſes Apôtres, en leur donnant
la miſſion : » Allez plutôt vers les Brebis perdues de la

(b) Math. 10.
8.
» Maiſon d'Iſrael (*b*) : *Potius ite ad oves, quæ perierunt,*
Domus Iſrael.

Si les Juifs ont rejetté le Verbe, s'ils ſe ſont eux-
mêmes jugés indignes de la vie éternelle, s'ils ont donné lieu par leurs impiétés & leurs blaſphêmes, d'exécu-
ter le précepte du Seigneur, d'annoncer l'Evangile aux
Nations, comme le déclare encore Saint Paul en leur

(c) Act. 13.
46 & 47.
diſant (*c*) ; *Quoniam repellitis illud , & indignos vos ju-*
dicatis æternæ vitæ, ecce convertimur ad Gentes: Sic enim
præcepit nobis Dominus ; ce malheur où ils ſe ſont pré-
cipités, ne durera pas toujours ; il aura une fin, lors de
laquelle tous ſe réuniront pour reconnoître Jesus-
Christ, l'adorer comme Dieu, & recevoir ſon Ba-
tême. Dieu en quelque ſorte renouvelle dans le cœur

(d) Rom. 11.
des vrais Chrétiens, les promeſſes qu'il a faites (*d*) & à
ce peuple & à ſon Egliſe, de cette réunion ſi déſirable,
& il donne de nouveaux gages de la vérité de ſes promeſſes & de la certitude de leur accompliſſement,
toutes les fois que conſervant ce Peuple errant & étranger par toute la Terre, il en détache quelques Membres
par une grace ſignalée dans tous les ſiécles de l'Egliſe de
Jesus-Christ depuis ſa naiſſance, pour les donner à
Jesus-Christ, & les lui incorporer dans le ſein de cette
divine Epouſe.

§. III.

§. III.

Administration du Baptême, dette du Ministre; acquitter cette dette, c'est accomplir la volonté de Dieu, & le vœu ou la fin de l'Incarnation du Verbe; refuser le Baptême, c'est une révolte contre cette volonté, c'est s'opposer à la fin de l'Incarnation.

Le précepte de Jesus-Christ à ses Apôtres, & en eux à leurs successeurs, d'administrer le Sacrement de Baptême, l'entrée du Salut que ce divin Maître y a attaché, & qui rend ce Sacrement, le premier moyen de nous faire arriver à la fin pour laquelle il s'est incarné parmi nous, y est mort, & est ressuscité, prouve que l'administration du Baptême est un devoir que ses Ministres doivent remplir, & une dette dont chacun d'eux est obligé de s'acquitter partout & toutes les fois qu'il en est légitimement requis.

Or, les Ministres du Seigneur sont légitimement requis partout & toutes les fois que quelqu'un, Gentil ou Juif qui n'a pas été baptisé, manifeste une foi sincere & éclairée en JESUS-CHRIST Dieu-Homme, une conduite pure & sans reproche pendant le tems requis pour épreuve, & qu'il demande le Sacrement de Baptême au Ministre préposé en exercice pour le lui conférer.

L'administration du Baptême, en ce cas, est de la part du Ministre, un exercice indispensable du véritable pouvoir qu'il a reçu & qu'il tient immédiatement de Dieu: pouvoir qui ne lui est confié que pour se conformer au vœu & à la fin de l'Incarnation, de la Mort, & de la Résurrection du Sauveur, pour remplir & perpétuer le Ministere du Fils de Dieu, pour satisfaire au pré-

D

cepte & au commandement formel que Jesus-Christ dans fa *toute-puiſſance* lui a donné , & pour cooperer à l'édifice que Dieu lui-même forme de ſon Egliſe.

De ces vérités, il faut néceſſairement conclure que le refus du Baptême dans cette circonſtance , eſt diamétralement contraire au Miniſtere du Fils de Dieu ; qu'il eſt un mépris du vœu de ſon Incarnation , de ſa Mort & de ſa Réſurrection. Un pareil refus eſt un violement de ſon précepte formel & exprès d'adminiſtrer le Baptême ; c'eſt une révolte contre ſa *toute puiſſance* ; c'eſt un abandonnement du pouvoir que les Miniſtres ont véritablement & uniquement reçu pour cooperer à l'édifice de l'Egliſe ; c'eſt une uſurpation d'un pouvoir incompatible avec la fin du Miniſtere , & dont l'exercice , s'il étoit toleré , produiroit néceſſairement la deſtruction & l'anéantiſſement (ſi cela étoit poſſible) du Corps myſtique de Jesus-Christ ; c'eſt par conféquent l'uſurpation d'un pouvoir contraire aux promeſſes de Jesus-Christ , d'un pouvoir qu'aucun Miniſtre n'a jamais pû recevoir , & qui de Droit divin eſt interdit à tous. Quel eſt en effet le caractere eſſentiel & diſtinctif de la puiſſance Eccleſiaſtique ? C'eſt de pouvoir tout pour édifier , de ne rien pouvoir pour détruire , d'être ſans autorité contre la vérité , & d'être tout-puiſſant pour la défendre , pour l'enſeigner , pour la faire triompher : *Quam (poteſtatem) dedit nobis Dominus in ÆDIFICATIONEM* , dit Saint Paul ,

(a) 2. Cor. *ET NON IN DESTRUCTIONEM.* (a) *NON . . . POSSUMUS*
10. 8.
(b) 2. Cor. *aliquid ,* dit encore cet Apôtre (b) , *ADVERSUS VERITA-*
13. 8. *TEM , SED PRO VERITATE.*

Partout , & toutes les fois qu'un Gentil ou un Juif ſuffiſamment inſtruit & de bonnes mœurs demande le Baptême , quelque ſoit le Miniſtre qui refuſe de lui adminiſtrer ce Sacrement , ce Miniſtre eſt donc alors coupable de schisme ; il ne suit pas l'exemple de JESUS-CHRIST, quoique JESUS-CHRIST ne l'ait donné que pour s'y conformer, *exemplum dedi vobis*, dit-il lui-même (*a*) *ut quemadmodùm feci vobis, ità & vos faciatis* ; il s'élève au-dessus de son Maître contre l'enseignement du Seigneur, qui dit & affirme que le Serviteur n'est pas plus grand que son Maître, & l'Apôtre plus que celui qui l'a envoyé. *Amen, amen dico vobis* (*b*), *non est Servus major Domino suo, neque Apostolus major est eo qui misit illum*. Il renonce au vrai bonheur que goutent ceux qui sçavent & pratiquent ces vérités, *si hæc scitis*, (*c*) *beati eritis, si facietis ea*. Il se retranche soi-même du nombre de ceux que JESUS-CHRIST déclare heureux, & il se place parmi ceux à qui JESUS-CHRIST lui-même annonce qu'ils n'ont aucune part à cette béatitude : *Non de omnibus vobis* (*d*) *dico ; ego scio quos elegerim*.

Il ne faut donc plus s'étonner de la sollicitude de l'Eglise, pour ce qui regarde l'administration des Sacremens. Est-elle instruite que ses Pasteurs sont requis de les administrer, aussi-tôt elle leur ordonne de s'acquitter de leur devoir ; mais dès qu'elle apprend que quelqu'un a, par leur négligence, couru risque de mourir sans être baptisé, ou qu'il est sorti de ce monde privé des autres Sacremens ; alors elle se hâte de prononcer contre ces Pasteurs les peines (*e*) les plus rigoureuses. *Pastores ad ministranda Sacramenta vocati, officio suo fungi non tardent, graviter alioqui* PUNIENDI ; GRAVISSIME *verò, si quem, ipsorum negligentiâ,* SINE BAPTISMO . . . *Sacro Viatico . . . . . ex hâc vitâ migrare contigerit*.

(*a*) Jean. 13. 15.

(*b*) Jean. 13. 16.

(*c*) Jean. 13. 17.

(*d*) Jean. 13. 18.

(*e*) Synod. P. I.I. Mechl. tit. 2, cap. 5.

§. I V.

N'exclure perſonne du Baptême ; maxime du Droit Divin, du Droit Canonique, & du Droit Civil: Donc ſon adminiſtration eſt une dette du Miniſtre.

Non-ſeulement l'Egliſe veille à ce que les Sacremens ſoient promptement adminiſtrés, non-ſeulement elle punit très-ſéverement ceux de ſes Miniſtres qui ont négligé d'adminiſtrer le Baptême, elle veut encore que toute créature ſçache qu'il n'eſt aucun de ſes Paſteurs qui ait le droit d'exclure qui que ce ſoit du Baptême.

C'eſt ſur le fondement de ces vérités que Saint Auguſtin enſeigne que de tous les hommes, depuis l'enfant qui ne fait que de naître juſqu'au vieillard le plus proche de ſa fin, il n'y en a pas un qu'il ſoit permis d'exclure du Sacrement de Baptême (a): *A parvulo recenter nato, uſque ad decrepitum ſenem, nullus prohibendus eſt à Baptiſmo:* Maxime dont Gratien (b) dans ſon Décret a formé un Canon.

C'eſt ſur ce même fondement que le Pape Jean II. le 25 Mars 534, dans une lettre à l'Empereur Juſtinien I. établiſſoit que l'Egliſe ne ferme *jamais* ſon ſein à ceux qui ſe préſentent pour y entrer: *Gremium ſuum* (c) NUNQUAM *redeuntibus claudit Eccleſia;* & que par le quatriéme Concile de Carthage tenu l'an 398, il eſt défendu, Canon 84 (d), aux Evêques D'EMPESCHER L'ENTRÉE DES EGLISES *aux* Payens, *aux* Hérétiques, *ou* AUX JUIFS, *pour entendre la prédication, & juſqu'à la Meſſe des Catéchumenes.*

La maxime que le ſein de l'Egliſe n'eſt jamais fermé

(a) Enchir. ad Laurent. cap. 49.

(b) De conſecratione, diſt. 4.

(c) L. 9. Cod. de ſummâ Trinitate.

(d) Analyſe ou idée générale des Conciles, imprimée à Cologne en 1706, premiere partie, page 82.

à ceux qui s'y préfentent, eft établie non-feulement dans le Droit Divin & dans le Droit Canonique, mais elle eft même auffi établie dans le Droit Civil. En effet, Juftinien a inferé cette lettre du Pape Jean II. en fon entier dans fon Code, & il en a formé deux Loix (*a*).

(a) L. 7. & 9. Cod. de fummâ Trinitate.

En France fpécialement cette maxime eft généralement reconnue & adoptée.

Premierement. Ce Code de Juftinien s'y obferve, on l'enfeigne dans toutes les Ecoles de Droit du Royaume; il a force de *Loi* dans plufieurs Provinces; il fert pour toutes les autres de *raifon écrite*, qui pour n'être pas auffi *imperieufe* que la Loi, n'en agit pas moins puiffamment fur les efprits & dans les cœurs.

Secondement. Charlemagne étoit pénétré de cette maxime, lorfqu'en l'année 811, par des Lettres qu'il écrivit à tous les Archevêques de fes Etats, il s'informoit d'eux, comment les Evêques inftruifoient les Prêtres & le Peuple touchant le Baptême (*b*), ce qui procura différens traités fur cette matiere; & un célebre Hiftorien nous a confervé (*c*) la naïve obfervation d'un de ces Evêques, qui remarquoit (*d*) que ce grand Prince N'AVOIT pas tant DEMANDÉ CES ÉCLAIRCISSEMENS AUX EVESQUES *pour lui que pour eux*, c'eft-à-dire, POUR LES EXCITER A ÉTUDIER LA MATIERE, & à en inftruire les Peuples.

(b) Fleury, Hift. Ecclef. tom. 10, liv. 45, §. 51.

(c) Idem. tome 10, liv. 46. §. 1.

(d) Theod. Evêq. d'Orleans.

Troifiémement. Le Roi Henry II. parloit néceffairement d'après cette maxime, lorfque dans le préambule d'un de fes Edits donnés dans le cours de Février 1556, il déclaroit qu'*un des principaux effets du titre de* TRÈS-CHRETIEN *qu'il porte, eft de faire* INITIER *les Créatures que Dieu envoye fur Terre en fon Royaume, aux Sacremens par lui ordonnés* (*e*); ce qui comprend le *Baptême*, qui eft du nombre des Sacremens, qui eft le premier de

(e) Mem. Apolog. des fent. du Préfidial de Reims impr. en 1745, édit. in-12, page 68.

tous, & fans lequel on ne peut régulierement être *initié* aux autres Sacremens.

Quatriémement. C'étoit à cette maxime que le feu Roi Louis XIV. rendoit hommage, lorfqu'il faifoit éclater le défir qu'il avoit que tous fes Sujets fuffent dans le fein de l'Eglife, & lors fpécialement que par fon Edit du mois de Mars 1685, *touchant la Police des Ifles de l'Amerique Françoife (a)*, il ordonne que tous les Efclaves qui feront dans les Ifles, feront *baptifés*; il enjoint à tous les Habitans qui acheteront des Negres nouvellement arrivés, d'en avertir les Gouverneurs & Intendans des Ifles dans la huitaine au plus tard, & à ces Gouverneurs & Intendans de donner les ordres néceffaires pour faire inftruire ces Negres, & les faire *baptifer* dans le tems convenable.

(*a*) Recueil d'Edits & Ordon. Royaux, impr. à Paris chez Montalant, en 1710, tom. 2, pag. 1104.

Cinquiémement. L'exécution, dans toute la Domination du Roi, des Canons, des Loix, & des Reglemens dont on vient de rendre compte, fpécialement de cet Edit de Louis XIV. du mois de Mars 1685 pour l'Amerique Françoife, eft la preuve la plus inconteftable de la confervation de cette grande maxime, & qu'elle n'eft pas moins folidement gravée dans le cœur de notre Souverain, qu'elle l'étoit dans celui de tous fes religieux Prédéceffeurs.

Sixiémement. C'eft de cette même maxime enfin, que dérive en quelque forte l'état des perfonnes, & la certitude publique de cet état; car c'eft par le Baptême qu'on eft rendu parmi nous Citoyen, & capable de tous les effets de la Citoyenneté; enforte que le refus du Baptême emporte exclufion de l'Etat & la perte des privileges de la Citoyenneté.

C'eft donc un délit d'exclure quelqu'un du Baptême, & les Pafteurs que le Droit Divin, le Droit Cano-

nique & le Droit Civil conſtituent également Débiteurs
de l'adminiſtration de ce Sacrement, ne peuvent refuſer arbitrairement ou abſolument d'acquitter leur dette,
ſans manquer à ce qu'ils doivent à Dieu, à l'Egliſe, au
Roi, à l'Etat & au Catéchumene, pour le ſalut duquel
le Miniſtere & les Miniſtres ſont établis.

§. V.

Anciennement les Evêques étoient chargés d'adminiſtrer
  le Baptême; aujourd'hui de Droit Divin, & par le con-
  cours des deux Puiſſances, les Curés ſont les Miniſtres
  ordinaires de ce Sacrement, & tenus même d'en tenir
  regiſtre.

En général tout homme eſt Miniſtre de ce Sacrement;
il peut le conferer, non à ſoi-même, mais à toute autre
perſonne qui ne l'ayant pas reçu, croit en JESUS-CHRIST
Dieu-Homme & Fils de Dieu, au Pere & au Saint-
Eſprit; qui déſire ce Sacrement, & qui le demande.
De ce que tout homme peut baptiſer, il s'enſuit qu'il
doit être inſtruit, & qu'il eſt autoriſé à pouvoir diſcu-
ter la matiere du Baptême. Le Conſeil ſouſſigné oſe
donc l'approfondir, à ce titre, autant qu'il lui convient d'en traiter en vertu des dégrés qu'il a obtenus
dans le Droit Canonique comme dans le Droit Civil,
& du ſerment qu'il a prêté au Parlement, qui lui donne
les mêmes prérogatives.
Par une diſcipline qui remonte aux Apôtres, qui
ſans doute la tenoient de JESUS-CHRIST même, il eſt vrai
qu'encore que tout homme en général ſoit Miniſtre du
Sacrement de Baptême, & puiſſe valablement le conferer, néanmoins il eſt ſagement établi que tout autre
qu'un Evêque ou un Prêtre ne doit exercer ce miniſtere

(a) Can. Conftat.
de Contecr. dift.
4. S. Auguft. de
Bapt. lib. 3. cap.
18. n. 23.
Ceillier, tome
11. Art. 117. §.
133.

que dans le cas d'abfolue néceffité (a), comme il fe voit
par ces termes d'un Canon que rapporte Gratien dans
fon Décret, & qu'il attribue à un Concile de Carthage :
Conftat baptifma SOLIS SACERDOTIBUS *effe tractandum* ;
& par un paffage de Saint Auguftin qui dit : *Non nifi
in Ecclefiâ Præpofitis, & Evangelicâ lege, ac Dominicâ
ordinatione fundatis, licet baptifare.*

La miffion particuliere pour l'adminiftration de ce
Sacrement fe donne dans le Sacerdoce ; enforte que
dans le Droit Canonique, c'eft proprement à l'Evêque
ou au Prêtre qu'il appartient de le conferer.

Il eft à obferver qu'ayant été ci-devant établi que
JESUS-CHRIST avoit expreffément ordonné aux Apôtres
(b) Matth. 28.
18 & 19.
(c) Jean. 4. 2.
de baptifer (b), & qu'il avoit fait auffi adminiftrer ce
Sacrement par fes Difciples (c), il en réfulte qu'à l'égard
du Baptême, les Apôtres & les Difciples tenoient chacun de JESUS-CHRIST la même Miffion, & étoient les véritables obligés à la dette du Baptême.

Dans la primitive Eglife, cette dette particuliere des
Apôtres & des Difciples du Seigneur, c'eft-à-dire, l'o-
bligation d'adminiftrer le Baptême, ne pouvoit s'acquitter, hors le cas de néceffité, que par l'Evêque ou de
l'ordre de l'Evêque : *Non licet fine Epifcopo baptifare,* difoit dans fa lettre à l'Eglife de Smyrne, nombre 8, Saint
Ignace, Evêque d'Antioche & Martyr, qui avoit vû S.
Pierre & Saint Jean, & qui avoit reçu l'Epifcopat *par
l'impofition de leurs mains* (d).
(d) Ceillier,
tome 1. chap. 11.
Art. 1. §. 1.
Cet ufage s'obferva à Rome pendant prefque les quatre premiers fiécles de l'Eglife ; il y a du moins tout
lieu de le préfumer, quoique dans le livre Pontifical attribué au Pape Damafe, on life que le Pape Evarifte, au
commencement du fecond fiécle, avoit diftribué à fes
Prêtres, les titres de la Ville de Rome, *hic titulos in
Urbe*

Urbe Româ divifit Prefbyteris ; & que le même livre Pontifical dans la vie du Pape Denis, dife expreffément que
ce Pape diftribua à fes Prêtres les Eglifes, les Cimetieres,
& les Paroiffes : *Hic Prefbyteris Ecclefias divifit , & Cœ-
meteria Parochiafque* . . . . . (a). Ces titres de
la Ville de Rome, ces Eglifes, ces Paroiffes dont il eſt
fait mention dans ce Pontifical Romain, n'étoient au
fecond fiécle, que de fimples Succurfales ; il n'y avoit
point de Fonts Baptifmaux, & la feule Eglife Cathédrale étoit la vraye & l'unique Eglife Paroiffiale.

(a) Thomaff. dif-
cipl. Ecclef. tom.
1. part. 1. chap.
21 & 22. pag. 68
& 69.

Mais le nombre de ceux qui demandoient le Baptême
croiffant tous les jours, les Papes à Rome, & à leur imi-
tation les Evêques en Afrique, & en beaucoup d'autres
endroits dans la fin du quatriéme fiécle, dans le cinquiéme , & depuis, fe déchargerent de l'adminiftration
du Baptême fur des Prêtres qu'ils diftribuerent en différens diftricts ; & fans détruire les Fonts Baptifmaux qui
fe confervoient toujours dans les Eglifes Cathédrales,
ils en firent établir dans chacun de ces diftricts en la
principale Eglife, à laquelle fe donne aujourd'hui le
nom de Paroiffe. De forte que les Prêtres, qui dans leur
Sacerdoce avoient reçu de Dieu même immédiatement
le pouvoir de conferer le Baptême, furent, par leur
titre de Curés, chargés pleinement de cette portion
du Miniftere, chacun dans le diftrict de la Paroiffe à laquelle il fut prépofé, ce qui s'eſt maintenu toujours depuis dans l'Eglife Catholique.

Ce changement s'étoit fait à Rome avant le Pape
Saint Leon, qui vivoit dans le cinquiéme fiécle de l'E-
glife ; car il parle des Curés, des Paroiffes, & des
Fonts Baptifmaux dans ces Paroiffes, en un de fes
fermons (b).

(b) Ceillier ;
tom. 14 , chap.
11. Art. 3. §. 12.
pag. 495 & 496.

Le Pere Thomaffin parle auffi de ce changement,

E

& en fixe l'époque au tems du Pape Marcel. Lorsqu'il y eut des Paroisses dans les Villes, dit ce Pere, les Curés y administrerent le Baptême; & le Pape Marcel établit vingt-cinq titres à Rome: *PROPTER BAPTISMUM & Pœnitentiam multorum* (*a*).

(*a*) Thomass. tom. 1. part. 1. liv. 1, chap. 23. pag. 71 & suiv.

Il faut convenir que ce changement de discipline étoit raisonnable ; & en effet, la multitude de ceux qui se présentoient pour recevoir le Baptême se multipliant tous les jours, il étoit phisiquement impossible qu'un Evêque fût seul chargé du soin d'administrer ce Sacrement, il lui falloit nécessairement des Coopérateurs, qui étant d'institution divine, pussent être solidairement tenus, comme ses co-débiteurs, d'acquitter cette dette commune.

Le Pape & les Evêques trouvoient de tels Coopérateurs dans la personne des Curés.

L'état des Curés a succédé dans la nouvelle Loi à l'état des soixante-douze Disciples, & dans l'ancienne il a été figuré par le Ministere Lévitique, d'où Gerson conclut (*b*) qu'il est d'institution divine: *Status Curatorum succedit statui septuaginta duorum Discipulorum* CHRISTI *quoad legem novam, & figuratus est in antiquâ lege per Levitas; ac proindè Status Curatorum est de* INSTITUTIONE CHRISTI . . . . L'état des Curés fait partie de la hiérarchie de l'Eglise (*c*): *Status Curatorum est de essentiali ac intrinsecâ Ecclesiæ hierarchiâ.* En conséquence, cet état, dans son institution, a pour fin principale, de conduire les ames à Dieu (*d*): *Status Curatorum institutus est ad regimen animarum dirigendarum in finem ultimum.* Il ne lui manque rien pour parvenir à cette fin: *Qui dicuntur successores septuaginta duorum Discipulorum, & dicuntur Prælati secundi ordinis, dignitatis, vel honoris, quales sunt* CURATI; *quibus ex statu & ordinario jure*

(*b*) Consider. primâ.

(*c*) Consider. secundâ.

(*d*) Consider. tertiâ.

*CONVENIUNT tres aĉtus hierarchici, PRIMARIÆ, ESSENTIA-
LITER, ET IMMEDIATE A CHRISTO; qui funt purgare per
correĉtionem, illuminare per doĉtrinam & prædicationem,
perficere per Sacramentorum miniſtrationem (a).* Les
Curés ſont ſpécialement les Miniſtres légitimes du
Baptême (b). *Legitimus Baptiſmi Miniſter, eſt Parochus.*

Lors donc que vers la fin du quatriéme ſiécle & depuis, le Pape & les Evêques ont érigé des Egliſes Paroiſſiales à l'effet de s'aſſocier dans l'adminiſtration du
Baptême les Prêtres qui y préſidoient; ils ſe ſont, en
agiſſant ainſi, conformés à JESUS-CHRIST même, qui,
ainſi qu'on l'a déja obſervé, faiſoit baptiſer par ſes Diſciples (c); & ſi alors ou dans la ſuite, quelques Evêques,
pour s'occuper plus particulierement du ſoin de prêcher
l'Evangile, ſe ſont entièrement déchargés ſur les Curés
de celui d'adminiſtrer le Baptême, ces Evêques ont encore par cette conduite, imité Saint Paul, qui dit que
ce n'étoit pas pour *baptiſer* que JESUS-CHRIST l'avoit envoyé, mais pour prêcher l'Evangile : *Non enim (d) miſit
me Chriſtus BAPTISARE, ſed evangeliſare.*

En France l'ancien uſage dura plus long-tems; il y
ſubſiſtoit encore dans le huitiéme ſiécle, comme il paroit par le Concile de Vernon tenu ſous Pépin le 11
Juillet 755, dont le ſeptiéme Canon porté (e) que
devant n'y avoir de Baptiſtere public qu'au lieu ordonné
par l'Evêque, *aucun Prêtre ne s'ingerera de baptiſer
ſans la permiſſion de l'Evêque.*

Mais peu après, cet ancien uſage ſe perdit; il s'y fit
comme à Rome, en Afrique & ailleurs, des diviſions
de Paroiſſes. Cette diviſion ſe trouvoit déja faite en
813, comme il paroit par le Concile d'Arles tenu le
10 May, & par le Concile de Rheims, tenu dans le

(a)*Fleury* tom.
10. liv. 46. §. 1.
& 3.
(b) Anal. ou
idée générale des
Conciles. Part. 1.
pag. 276.

milieu du même mois (a), Charlemagne regnant alors.
Dans les premiers Canons du Concile (b) de Rheims,
il fut reglé que les Prêtres (ce qui s'entend de ceux
préposés aux Paroisses, & de chacun pour son district)
seroient chargés de l'administration du Baptême. Ce Reglement introduisit en chaque Paroisse des Fonts Baptis-
maux, sans détruire néanmoins ceux des Eglises Cathédrales.

Quelques Evêques alors se réserverent le soin d'ad-
ministrer seuls, en certaines Fêtes, le Sacrement de
Baptême. Grand-Colas, en son Traité de la Messe & de
l'Office Divin, au titre de l'Office (c) du Samedy
Saint, remarque que tel est encore l'usage du Diocese de
Meaux.

(c) Seconde
Edition *in* 12. en
1714. p. 557.

Pour peu que l'on réflechisse sur les vrais principes
qui établissent que de Droit divin il appartient aux
Curés de conférer le Baptême, & qu'il n'est pas par
conséquent d'autorité sur la terre qui puisse en aucun
tems les empêcher d'acquitter cette fonction impor-
tante, il est étonnant que des Evêques ayent assujetti
les Curés & le Peuple de leur Diocese à souffrir qu'en
certaines Fêtes, le Baptême ne soit administré que dans
l'Eglise Cathédrale.

En effet, quoique les Evêques, en qualité de premiers
Pasteurs des Peuples qui leur sont confiés, soient dans
leurs Dioceses les Ministres ordinaires du Sacrement (d)
de Baptême, il est également vrai de dire que les
Curés sont aussi, chacun dans sa Paroisse, Ministres
ordinaires de ce même Sacrement, & le droit qu'ils
ont de le conferer, est en droit (e) qui leur est propre : *Ordinarius Baptismi Minister imprimis est Epis-*
copus, tanquam Populi sibi commissi primarius & ordi-
narius Pastor. Parochi, sive Presbyteri Parochiales

(d) Var-Espen
tom. 1. part. 2. tit.
2. cap. 2. §. 1.

(e) Id. §. 4.

funt in fuis refpectivè Parochiis ordinarii Miniftri Baptif-
matis, illudque jure proprio & ordinario miniftrant.

D'ailleurs fi la prééminence de la dignité Epifcopale rend le confentement des Evêques néceffaire pour la validité de l'érection des Paroiffes de leurs Diocefes, ce confentement des Evêques ne porte aucun préjudice au droit des Curés, & il eft toujours conftant que les Paroiffes, une fois érigées, les Curés qui les gouvernent en font d'une maniere fpéciale les Pafteurs, de telle forte que leurs Paroiffiens ne peuvent valablement recevoir les Sacremens que par leur miniftere. *Epifcopi (a) diftincto populo in certas propriafque Parochias, unicuique fuum perpetuum peculiaremque* PAROCHUM *affignent . . . . A QUO SOLO LICITE SACRAMENTA SUSCIPIANT.* C'eft ce qui fait dire à Van-Efpen (b) que tout ce qui réfulte de ce Décret du Concile de Trente, c'eft que chaque Paroiffe doit avoir fon Pafteur, qui préfide à fes affemblées Ecclefiaftiques, fur lequel tombe principalement & immédiatement le foin & le poids de toute fa Paroiffe, & que fes Paroiffiens reconnoiffent comme leur propre & ordinaire Miniftre pour l'adminiftration des Sacremens : *Evincit citatum Décretum Synodi, unicuique Parochiæ fuum debere effe Presbyterum qui fit caput Eccle-fiaftici iftius conventus,* ET CUI TOTIUS PAROCHIÆ CURA SPIRITUALIS PRINCIPALITER ET IMMEDIATE INCUMBAT; *quemque Parochiæ iftius Populus ut ordinarium & proprium Sacramentorum Miniftrum agnofcat.*

En effet, lorfque le Concile de Trente définit que des Paroiffiens ne reçoivent valablement les Sacremens qu'autant qu'ils leur font adminiftrés par leur propre Pafteur, le Concile n'entend pas par ces mots, *propre Pafteur,* décider que les Evêques ont fur les Paroiffes de leurs Diocefes, un droit égal à celui qui appartient à chaque Curé dans fa Paroiffe, ou que ceux qui demeu-

(a) Concil. Trident. feff. 24. de reformat. C. 13.

(b) Tom. 1. part. 1. tit. 3. cap. 1. §. 4.

rent dans l'étendue d'une Paroisse, doivent regarder leurs Evêques comme leurs Pasteurs propres & immédiats.

PREMIEREMENT. Cette qualité de Pasteurs propres & immédiats ne convient aux Evêques que rélativement à leurs Eglises Cathédrales, dit Barbosa (*a*); mais lorsqu'il s'agit des autres Eglises Paroissiales, elle ne leur convient plus: *Episcopus* RESPECTU ECCLESIÆ CATHEDRALIS, *dicitur propriè & immédiatè Parochus,* NON VERO ALIARUM PAROCHIARUM.

SECONDEMENT. Les Evêques ne pourroient partager avec les Curés, la qualité de propres Pasteurs des Eglises Paroissiales de leurs Dioceses, que dans le cas où les Curés, à cause de quelqu'imperfection dans la puissance attachée à leur Mission, auroient besoin de recevoir de la plénitude du caractere Sacerdotal qui se trouve dans les Evêques, ce qui leur manqueroit d'autorité pour conduire efficacement à Dieu, par l'administration des Sacremens, les ames qui sont confiées à leurs soins, & c'est ce qu'il n'est pas même permis de penser. En effet, dès qu'il est une fois constant que les Curés sont d'institution divine, qu'ils succedent immédiatement à la Mission des soixante-douze Disciples, il est également certain qu'ils trouvent dans la puissance attachée à leur Mission, toute l'autorité dont ils ont besoin pour s'acquitter envers leurs oüailles, des fonctions du sacré Ministere. *Curati,* dit Gerson (*b*), *à Christo in suis antecessoribus acceperunt autoritatem, vel potestatem, immò mandatum & præceptum hierarchisandi subditos suos; ergo Christus eodem actu vel mandato instituit, ordinavit, & præcepit quod ipsi subditi à Curatis hierarchisarentur, & ad eos venirent.*

TROISIÉMEMENT. Le Concile de Trente n'a jamais pensé que les Curés étoient de simples Vicaires, des Prêtres subsidiaires qui n'avoient de Mission & d'autorité qu'autant de tems qu'il plaisoit aux Evêques de les employer, & suivant la mesure de puissance qu'ils jugeoient à propos de leur communiquer ; il n'étoit pas même possible que les Peres qui étoient assemblés à Trente, eussent des idées si désavantageuses & si contraires, non-seulement aux droits des Curés, mais encore aux notions les plus communes. En effet, les Peres n'ignoroient pas qu'en 1429, la Faculté de Théologie de Paris n'avoit pas fait difficulté d'assurer que la puissance & la Jurisdiction des Curés, venoit immédiatement de Dieu, ainsi que celle des Evêques, & que rendre témoignage à cette vérité, c'étoit se conformer à la doctrine Evangelique & Apostolique : *Ex textu Evangelii & Doctrinâ Apostolorum habetur expressè Apostolis & Discipulis à Christo missis autoritatem Jurisdictionis fuisse collatam, dicere inferiorum Prælatorum potestatem Jurisdictionis (sive sint Episcopi sive sint Curati) esse immediatè à Deo, Evangelicæ & Apostolicæ consonat veritati (a).*

(a) Decret de la Faculté de Théologie de Paris.

Cette Doctrine qui subsistoit avant le Concile de Trente, fait encore aujourd'hui une portion précieuse de la tradition.

Van-Espen, ce sçavant Canoniste, s'éleve avec force contre ceux qui regarderoient les Curés comme les Vicaires des Evêques, ou comme des Prêtres subsidiaires qui n'auroient d'autorité qu'autant qu'il plairoit aux Evêques de leur en communiquer.

Pour avoir une juste idée des droits des Curés dans l'administration des Sacremens & la conduite des ames, il ne faut, suivant Van-Espen, que faire attention au nom qui leur fut donné dès les premieres érections des Paroisses, & qu'ils ont conservé jusqu'au milieu

(a) Van-Efpen,
tom. 1 , part. 1 ,
tit. 22.

du dixiéme fiécle; ils s'appelloient, dit-il (a), Prêtres-
Cardinaux: *Hujusmodi Presbiteri . . . . voçabantur*
Cardinales. Ce nom lui fait comprendre toute l'impor-
tance de leur Dignité dans l'ordre hiérarchique , & l'é-
tendue de leurs droits. *Sicut cardo fixus & immobilis ,*
ac circa illum valvæ volvuntur : Ita , ajoute-t'il , *ita quo-*
que circa illos . . . Presbyteros . . . . tanquam fixos
et proprios ecclesiarum cardines , Populus eorum
curæ commiſſus in Ecclefiaftico regimine & animarum cura
quodammodo volveretur. Le furnom de Cardinal que l'an-
tiquité avoit uni à celui de Curé , découvre à Van-
Efpen toute la difference qui fe trouve entre les Prêtres que les Evêques envoyoient deffervir des Eglifes ,
& les Curés: A l'égard des premiers , il convient que
ce n'étoit que des Mercenaires , des Mandataires des
Evêques; mais il foutient que les Curés font les *propres*
Pafteurs de leurs Eglifes Paroiffiales : *Presbyteri . . . .*
Cardinales in hoc unicè ab aliis non Cardinalibus diffe-
rebant quod illi tanquam proprii & quaſi fixi ac im-
mobiles Ministri Ecclesiis suis essent intitulati; hi
verò tanquam adventitii & fubfidiarii alicui Ecclefiæ effent
aſſignati ; atque ita , juxta veterem Cardinalium nomen-
claturam , hodierni Parochi vere dicerentur Presby-
teri Cardinales ; Vice-Pastores verò non Cardi-
nales.

De cette différence effentielle qui fe trouve entre les
Prêtres, que les Evêques envoyent deffervir quelques
Eglifes , & les Curés, Van-Efpen conclut qu'ils n'ont
jamais eu les mêmes prérogatives , & pour donner à cette
vérité un plus grand jour , il diftingue le fecond ordre
(b) Van-Efpen,
tom. 1 , part. 2
tit. 2 , cap. 2. §.
3.
dans la hiérarchie en trois claſſes (b). A l'égard des fimples Prêtres, il décide qu'ils ne peuvent , même felon la
difcipline préfente, conférer licitement , hors le cas de
néceffité,

nécessité , le Baptême avec les solemnités requises, sans en avoir la permission expresse de l'Evêque : *Sed nec hodiè Baptismum solemniter & extra casum necessitatis conferre licitè possunt Presbyteri, nisi potestate ab Episcopo acceptâ, & in ipsos ex plenitudine Sacerdotii Episcopalis derivatâ.* Van-Espen comparant ensuite l'ancienne discipline avec la moderne ; il remarque qu'autrefois, c'est à-dire avant l'érection des Paroisses , les Prêtres qui desservoient quelques Eglises , & qui y étoient chargés du soin des ames , dépendoient perpétuellement des Evêques pour l'administration des Sacremens : *Olim Presbyteri , quantumvis curam animarum exercentes , à jussione Episcopi in ipsâ Sacramentorum administratione continuò dependebant ;* mais dès qu'il y eut des Eglises Paroissiales érigées, cette ancienne discipline changea ; il s'en établit une nouvelle , selon laquelle les Curés prennent à la vérité des Evêques l'institution Canonique pour pouvoir légitimement exercer les fonctions de leur Pastorat par l'administration des Sacremens ; mais cette institution Canonique une fois reçue , alors les Curés conferent les Sacremens , sans dépendance de l'Evêque , & en vertu du droit que leur donne le titre dont ils sont pourvûs : *Hâc modernam inter & pristinam Disciplinam intercedente differentiâ ; quod , juxtà modernam,* PAROCHI *accipiant quidem curam animarum ab Episcopo , & per eam jus administrandi Sacramenta : Sed , eâ acceptâ, illa tunc* INDEPENDENTER AB EPISCOPO *, ac quasi* JURE PROPRIO ET ORDINARIO *, id est* JURE SUI OFFICII ET BENEFICII PAROCHIALIS ADMINISTRENT.

Cette Doctrine de Van-Espen sur les droits des Curés , n'est point une Doctrine arbitraire & qui puisse être suspecte à cause de sa nouveauté ; dès le neuviéme siécle elle étoit en vigueur, & spécialement en 836 , elle for-

F

môit les décisions du Concile tenu à Aix-la-Chapelle sous Louis le Débonnaire.

Alors, & en conséquence de la nouvelle discipline introduite à l'occasion de l'érection des Eglises Paroissiales, quelques Evêques, bien différens de ceux qui avoient voulu, au préjudice des Curés, se conserver le droit d'administrer seuls en certaines Fêtes, le Baptême, négligeoient de faire l'Office le soir de la veille de Pâques, c'est-à-dire, la bénédiction des Fonts dans leurs Cathédrales : Cette négligence fut blâmée par le Concile d'Aix-la-Chapelle. Par les Canons 9 & 10 (*a*) de la premiere partie de ce Concile, il fut enjoint aux Evêques de faire cet Office ; mais en même-tems, & pour conserver les droits des Curés, par le Canon 5 de la seconde partie de ce même Concile (*b*) il fut enjoint aux Prêtres préposés pour les Paroisses d'administrer le Baptême.

De sorte que l'administration de ce Sacrement est tellement reconnue en France appartenir aux Curés ou Recteurs dans leurs Paroisses, que lorsqu'on a introduit dans le Royaume l'obligation de tenir des regiftres des Baptêmes, on en a chargé les Curés, auxquels on a ajouté, par identité de raison, les Supérieurs des Hôpitaux & des Maisons mises hors la Jurisdiction des Curés, & ils ont été assujettis, même sous des peines, à ce qui a été prescrit pour la tenue de ces regiftres.

En effet, par l'Ordonnance de François I. du mois d'Août 1539, après avoir prescrit, article 51, qu'il sera fait regiftre *en forme de preuve des Baptêmes*, il est ajouté, article 52, que ces regiftres seront signés *du Curé ou son Vicaire*, en même-tems que d'un Notaire. Article 53, que *le Curé sera tenu* de remettre par chacun

(*a*) Anal. des Conciles, I. part. pag. 356.

(*b*) Ibid.

an, le regiftre au Greffe du Siége Royal, pour y avoir re-cours.

Par l'Ordonnance d'Henry III. donnée à Blois au mois de May 1579, article 181, il eft enjoint aux *Curés* de porter leurs regiftres aux Greffes des Siéges Royaux dans deux mois après chaque année, & de les affirmer véritables, & il eft enjoint aux Greffiers de les y con-traindre après ce délai.

Par l'Ordonnance de Louis XIII. du mois de Janvier 1629, qui n'eft employée ici qu'hiftoriquement, & rélativement au témoignage qu'elle renferme, il eft enjoint aux *Curés* de faire par chacun an, *bons & fi-deles regiftres de Baptêmes*, & iceux porter dans le pré-mier mois de l'année fuivante, aux Greffes des Juftices Royales, à peine de 50 liv. d'amende.

Par l'Ordonnance de Louis XIV. donnée au mois d'Avril 1667, titre 20, *les Curés* font affujettis à tenir *deux regiftres des Baptêmes* par chacun an; il leur eft permis d'en garder un, & d'en délivrer des extraits, & il leur eft enjoint de porter l'autre, fix femaines après l'année révolue, aux Greffes Royaux.

Par la Déclaration du Roi du 9 Avril 1736, les *Curés* font tenus d'avoir deux regiftres; il leur eft permis d'en garder un & d'en délivrer des extraits, & il leur eft en-joint de porter l'autre au Juge Royal dans fix femaines, après l'année, à peine de 10 liv. d'aumône.

Dans ces deux dernieres Loix, on affujettit pareille-ment les Superieurs d'Hôpitaux, ou de Maifons mifes hors la Jurifdiction des Curés, à la néceffité de tenir des regiftres des Baptêmes.

Mais les Evêques, dans aucune de toutes ces Loix, ne fe trouvent point affujettis à tenir ou à faire tenir à leurs Evêchés des regiftres de Baptêmes.

L'efprit & la lettre de ces mêmes Loix & la difci-

F ij

pline actuelle de l'Eglise découvrent le motif qui a
déterminé nos Rois à mettre cette différence entre les
Evêques & les Curés, quoique les Evêques soient de
Droit divin, ainsi que les Curés, Ministres ordinaires du
Sacrement de Baptême.

En effet, par l'article 15 du titre 20 de l'Ordonnance
de 1667, & par l'article 32 de la Déclaration du 9 Avril
1736, les Evêques sont seuls assujettis à tenir regîtres
des Tonsures, Ordres Mineurs, & Ordres Sacrés qu'ils
confèrent, parce que l'administration du Sacrement de
l'Ordre leur appartenant, leur étant réservée, & ne se
faisant que par eux, ils sont les seuls que l'Etat puisse
charger du soin de lui administrer la preuve autentique
de la consécration de ceux de ses Membres qui se vouent
au Service de Dieu dans le saint Ministere.

Mais les Evêques n'administrant plus le Baptême, &
ne tenant point, comme Evêques, de Paroisses particu-
lieres; il y a plus, leur Palais, & tous ceux qui l'habi-
tent, leur seule personne exceptée, étant dans la dépendance d'une Paroisse, & sujets à la Jurisdiction du Curé,
l'Etat n'avoit aucun motif qui pût le déterminer à assujet-
tir les Evêques à tenir regîtres des Baptêmes; & il avoit
au contraire un interêt réel de charger les Curés de ce
soin, puisque, suivant la discipline moderne, le Baptême
ne pouvant être conféré avec les solemnités requises,
que dans les Eglises Paroissiales, les seuls Curés peuvent lui administrer la preuve autentique de la régénération spirituelle de ses Membres, & de l'origine du
droit qu'en qualité d'Enfans de Dieu & de l'Eglise par
le Baptême, ils ont à tous les autres Sacremens.

Les Loix du Royaume se réunissent donc aussi aux
saints Canons & au sentiment des plus célebres Théologiens & des plus sçavans Canonistes, pour établir que

l'adminiſtration du Sacrement de Baptême appartient aux Curés, *jure ſui Officii & Beneficii Parochialis*; qu'ayant en la perſonne des ſoixante-douze Diſciples, *quorum vicem tenent* (a), reçu immédiatement de Dieu leur Miſſion, ils ſont de Droit divin, *& independenter ab Epiſcopo*, obligés de remplir cette fonction de leur Miniſtere; que la Puiſſance Royale & la Puiſſance Eccleſiaſtique ayant eu pour fin principale dans l'érection des Egliſes Paroiſſiales, de faciliter aux Peuples une prompte adminiſtration du Sacrement de Baptême, les Curés ſe trouvent par le concours des deux Puiſſances, chargés d'acquitter ce devoir Curial; qu'ils ſont conſéquemment, en qualité de Curés, non-ſeulement débiteurs de ce Sacrement envers l'Egliſe & l'Etat, mais encore reſponſables à l'une & à l'autre Puiſſance, de leur conduite, lorſqu'ils different trop long-tems, & à plus forte raiſon, lorſqu'ils refuſent de baptiſer.

(a) Capit. de Theodulphe Evêque d'Orleans, chap. 1.

§. VI.

Quand eſt düe l'adminiſtration du Baptême? Quand n'eſt-elle pas düe?

Suivant l'ancienne diſcipline de l'Egliſe, les Adultes non baptiſés, mais ſuffiſamment inſtruits & préparés, ne recevoient le Baptême que le Samedy-Saint & la Veille de la Pentecôte. Dans ces deux ſolemnités l'adminiſtration du Baptême étoit düe.

Aujourd'hui le Curé conſtitué Miniſtre du Sacrement de Baptême, n'eſt plus obligé d'attendre ces deux Fêtes ſolemnelles pour baptiſer les Adultes: Ainſi, ſuivant la diſcipline actuelle de l'Egliſe, toutes les fois qu'un Adulte non baptiſé, brûlant du déſir de rece voir le Sacrement de Baptême, fuffifamment inftruit des vérités principales du Chriftianifme, détestant fin- cerement les égaremens de fa vie, & étant dans l'ha- bitude comme dans la volonté permanente de confor- mer fa conduite fur les préceptes de l'Evangile, fe pré- fente au Curé de la Paroiffe fur laquelle il demeure, à l'effet de le réquérir de lui accorder le Baptême, alors eft arrivé le moment où le Curé eft conftitué débiteur de ce Sacrement, & l'inftant dans lequel, fous peine de prévarication dans fon Miniftere, il eft obligé, par l'adminiftration du Sacrement qui lui eft demandé, d'acquitter fa dette, à la décharge de l'Eglife & confor- mément au vœu de l'Etat.

Dans cette circonftance, tout ce qui peut être per- mis au Curé, fe réduit à l'exercice du droit qu'il a d'e- xaminer par lui-même, s'il le peut, ou de s'affurer par le témoignage de ceux qui ont inftruit & conduit le Ca- téchumene, fi ce Catéchumene qui fe préfente à lui pour être baptifé eft réellement tel qu'il fe dit être : *Nec mi-* *nus hodie ipfi baptifandi Adulti* (a) *præviè probandi funt* *quam olim ; utrùm fcilicet in fide fat inftructi, & vitam* *anteriorem reverà deteftentur.*

(a) Van-Efpen, tom. 1. part. 2. tit. 2. cap. 3. §. 37.

Comme la foi fans les œuvres, ou qui n'opere pas par la charité, eft une foi morte, une foi de démons, par conféquent une foi infuffifante pour procurer l'avan- tage d'être initié au nombre des enfans de Dieu & de l'Eglife, il ne fuffit pas qu'un Curé, pour qu'il foit obligé de baptifer un Catéchumene, foit convaincu que l'Adulte qui lui demande le Baptême, croit un Dieu en trois Perfonnes ; fçavoir, le Pere, le Fils & le Saint- Efprit ; qu'il connoît les Myfteres de Jesus-Christ ; qu'il eft certain que Jesus-Christ eft le Fils de Dieu fait Homme, le Meffie, & celui en qui feul il peut être sauvé ; qu'il sçait les autres articles du Symbole des Apôtres ; qu'il n'ignore pas les Commandemens de Dieu ; qu'il a une connoissance des vertus théologales, des Sacremens ; qu'il reconnoît l'obligation d'obéir à l'Eglise & à ses préceptes, de faire pénitence & de mener une vie nouvelle : Il faut encore que le Curé s'assure que le Catéchumene aime Dieu comme source de toute justice ; que c'est cet amour qui l'attire, qui le presse d'être plongé & lavé dans le sang de Jesus-Christ ; que c'est cet amour, ce feu divin de la charité qui anime déjà le corps entier de ses actions.

En effet, comme le Baptême ne doit pas être accordé à ceux qui ne veulent pas changer de vie, il ne doit pas aussi être conferé à ceux qui ne prouvent pas l'opération interieure & surnaturelle de la conversion de leur cœur, par une conduite non-seulement irrépréhensible, mais encore édifiante (a) : *Sicut à sacro Baptismatis fonte rejiciendi sunt qui vitiis ac peccatis obstinatè adhærent ; ita procul ab eo repellendi qui nolunt interioris conversionis signa* OPERIBUS *dare ; cum inde pateat infectam peccati amore voluntatem adhuc gerere.*

(a) Van-Espen, tom. 1. part. 2. tit. 2. cap. 3. §. 37.

Pour connoître si un Adulte qui demande le Baptême doit ou ne doit pas être baptisé, il suffit donc de connoître avec certitude quel est au vrai son état actuel : S'il est suffisamment instruit & disposé, le moment de le baptiser est arrivé : Si au contraire, il ne se trouve pas suffisamment instruit, s'il n'est pas encore assez disposé, quant aux mœurs, en ce cas il faut différer de lui administrer le Baptême, & l'éprouver.

§. VII.

Combien dure le Catéchumenat.

Auſſitôt que les Apôtres eurent reçu le Saint-Eſprit, ils annoncerent le Salut par Jesus-Christ, & leurs prédications fructifierent en peu de tems.

Le discernement qui faisoit partie des dons répandus ſur eux, leur développoit l'opération ſubite du Saint-Eſprit qui rendoit à leurs ſeules prédications les cœurs diſpoſés & les eſprits inſtruits ; de ſorte que les Apôtres adminiſtroient le Baptême immédiatement après leurs prédications, & ſans exiger une plus longue préparation. Les Actes adminiſtrent la preuve de ce ſait (a).

(a) Act. cap. 2. Cap. 3. Cap. 10. Cap. 16. &c.

Mais lorſque les Fideles ſe furent multipliés, & que l'extérieur des dons ſurnaturels fut devenu plus rare dans l'Egliſe, il fut établi, par une diſcipline Apoſtolique, un tems d'épreuve pour connoître les Sujets qui ſe préſentoient, & les préparer en même-tems à recevoir le Baptême.

Par le Concile d'Elvire tenu en 305, Canon 42, la durée de cette épreuve ou du Catéchumenat étoit de deux ans (b).

(b) Fleury, Hiſt. Ecclef. tome 2. liv. 9. §. 15.

Mais les inconveniens d'un ſi long retard, & bien plus encore, l'indulgence de l'Egliſe perpétuellement animée de l'Eſprit & de la Charité de Jesus-Christ, ont déterminé cette tendre Mere à réduire la durée du Catéchumenat à un intervale beaucoup plus court.

Il ſe trouve deux témoignages inconteſtables de cette réduction.

Le premier eſt du Pape S. Sirice, qui par une Décrétale du 11 Février 385, en ordonnant que le Baptême

ne

ne foit, hors le cas de néceffité, adminiftré qu'aux deux Fêtes de Pâques & de Pentecôte, veut qu'à ces Fêtes (*a*), *ceux qui auront donné leurs noms avant qua-* *rante jours . . . & qui auront été purifiés dans cet intervale,* *puiffent être admis à ce Sacrement.*

Le fecond témoignage de l'indulgence de l'Eglife fe trouve configné dans un Commentaire fur l'Epître de Saint Paul aux Romains, attribué à Saint Ambroife.

Le vénérable Auteur de ce Commentaire confide-rant les grandes promeffes faites aux Juifs dans le chapitre 11 de cette Epître de Saint Paul, où leur retour à la Religion Chrétienne eft fi clairement prédit, ufe de la même indulgence que Saint Sirice : *Ne (quod abfit) lon-* *ga dilatio,* dit ce faint Perfonnage (*b*), *retro poffit ani-* *mo Judæorum revocare, cum Fratre noftro Epifcopo loci* *illius loquere,* UT POENITENTIA AC ABSTINENTIA QUADRA-GINTA DIERUM INDICTA, *aut die Dominicâ, aut fi celeber-* *rima Feftivitas occurrerit, eos, omnipotentis Dei mifericor-* *diâ protegente, baptifes.* Ce témoignage a paru fi autorifé que Gratien en a formé en fon Décret un Canon au titre *de confecratione,* dift. 4.

A la vérité pendant quelques fiécles, ce délai en Ef-pagne a été prorogé plus long-tems à l'égard des Juifs.

Par le quatriéme Concile de Tolede, & par le Canon 58 que Gratien a auffi inferé en fon Décret, même dif-tinction, ce délai a été fixé à huit mois en ces termes : *Judæi quorum perfidia frequenter ad vomitum redit, fi ad* *Leges Catholicas redire voluerint, octo menfes inter Ca-* *techumenos Ecclefiæ limen introeant; & fi purâ fide nof-* *cuntur, tum demum baptifmi gratiam mereantur.*

Cet ufage particulier à l'Efpagne ne s'eft point étendu ailleurs ; & celui de l'Eglife Romaine, qui eft fuivi par-tout, a prévalu même en Efpagne.

(*a*) *Fleury hift.* Ecclef. tom. 4. liv. 18. §. 34.

(*b*) *Ceillier;* tom. 7. chap. 4. art. 5. §. 2.

G

Ainſi, ſuivant la diſcipline actuelle, le tems du Catéchumenat, ou, ce qui eſt la même choſe, la durée du
délai requis pour l'épreuve des Catéchumenes eſt limi-
tée à quarante jours ; c'eſt ce qu'atteſte Van-Eſpen d'a-
près deux célébres Evêques Miſſionnaires (*a*): *Duo*
zelotiſſimi Præſules . . . declarant ſibi viſum eſſe : » Ca-
» *techiſmi tempus non breviori quàm* QUADRAGINTA DIERUM
» SPATIO *vulgò definire , nec alios ad Baptiſmum admit-*
» *tendos eſſe , niſi qui ante* QUADRAGINTA DIES *nomen de-*
» *derint.*

(a) Van Eſpen, tom. 1. part. 2, tit. 2. cap. 3. §. 37.

Il peut cependant y avoir des circonſtances qui auto-
riſent à proroger ce délai. Si, par exemple, celui qui ſe
préſente pour être baptiſé, eſt un homme groſſier & peu
inſtruit ; s'il ne déſire le Baptême que par des vûes d'interêt ; enfin, s'il a donné quelques preuves de la légereté
& de l'inconſtance de ſon caractere : dans toutes & chacune de ces circonſtances, l'expérience & l'eſprit des
ſaints Canons font aſſez connoître que le parti le plus
convenable & le plus avantageux qu'il y ait à prendre,
eſt de proroger le tems de l'épreuve (*b*) : „ *Cum enim*
„ *experientiâ, quæ ſacris Canonibus conſona eſt, ſatis*
„ *notum ſit diuturniorem moram eſſe perutilem ad obtinen-*
„ *dam in Chriſtianâ fide perſeverantiam . . . . .*
„ *diutiùs probari debent rudiores . . . . & qui . . .*
„ *ſperant aliquid lucri & commodi ſe conſecuturos ex eo*
„ *quod Chriſtiani fiant : Ii denique qui levis & inconſtantis*
„ *animi ſigna aliqua dederunt.*

(b) Ibid.

Mais ces circonſtances ne ſe rencontrant pas, la diſcipline ordinaire doit être obſervée à la lettre ; enforte que
lorſqu'un Catéchumene, même Juif, qui demande le
Baptême, ſe trouve inſtruit des vérités dont la connoiſ-
ſance eſt exigée pour recevoir ce Sacrement, lorſqu'il a
été éprouvé & préparé dans le cours du délai requis, ſans

que pendant le tems de son épreuve, il y ait eu aucun
sujet de reproche à lui faire, alors le Ministre du Baptême, débiteur de ce Sacrement envers ce Catéchumène,
doit, sans aucun retardement, acquitter sa dette; c'est-
à-dire, lui administrer le Baptême, parce qu'en ce cas,
il ne peut y avoir de cause légitime d'en différer l'administration, & à plus forte raison de refuser de baptiser.

§. VIII.

Quels sont les effets du Catéchumenat?

Le Catéchumenat n'ayant été établi que pour dispo-
ser au Baptême, il ne peut jamais produire un refus
absolu de conferer ce Sacrement, ou de permettre qu'il
soit conferé. Un pareil refus est en effet contraire aux
desseins de Dieu dans la Création; aux desseins de JESUS-
CHRIST dans le Mystere de la Rédemption; & enfin, aux
désirs & à la conduite de l'Eglise.

Les hommes ne sont créés que pour connoître, aimer
& servir Dieu, & ils ne le peuvent connoître, aimer &
servir que par JESUS-CHRIST, & dans l'Eglise qu'il a
formée. Il est donc nécessaire & indispensable à toute
créature, selon les desseins de Dieu dans la Création,
d'appartenir à JESUS-CHRIST, & à son Eglise, afin qu'elle
puisse remplir la fin pour laquelle elle a été créée: Or,
le seul moyen pour appartenir à JESUS-CHRIST & à
l'Eglise, est d'être baptisé. Donc refuser le Baptême,
& le refuser absolument, irrévocablement, c'est résis-
ter aux desseins de Dieu, c'est empêcher une créature
raisonnable de connoître, aimer & servir Dieu en la seule
maniere qu'il a voulu, lorsqu'il l'a créée, être connu,
aimé & servi par elle.

G ij

Le refus abfolu & irrévocable d'adminiftrer le Baptême, n'eft pas moins contraire aux deffeins de JESUS-CHRIST dans le Myftere de la Rédemption. Comme tous les hommes étoient morts en Adam, aucun ne pouvoit parvenir à la vie de la grace que par JESUS-CHRIST & en JESUS-CHRIST. De-là la néceffité de fon Sacrifice; de-là fa volonté d'être une Victime univerfelle; de-là fa Charité, qui n'exclut perfonne du Salut qu'il a mérité par fa mort: Or, refufer irrévocablement & abfolument le Baptême, qui eft le premier Sacrement par lequel s'opere l'application des mérites de la Mort de JESUS-CHRIST, c'eft décider qu'un Catéchumene, qui ne peut défirer d'être Chrétien que parce que JESUS-CHRIST, en l'attirant à lui, veut fpécialement le purifier & le fanctifier par l'afperfion de fon fang, eft exclus de la participation aux mérites de la mort de ce divin Sauveur; que ce divin Sauveur n'eft pas mort pour lui procurer le Salut; que JESUS-CHRIST n'eft pas la Victime univerfelle, & que rélativement à cet Adulte, le Sacrifice & l'oblation de JESUS-CHRIST n'étoient pas néceffaires pour le faire paffer de la mort du péché à la vie de la grace.

Que l'Eglife a des fentimens bien différens! Inftruite qu'il n'y a point d'autre nom en qui on puiffe obtenir le Salut, que celui de fon divin Epoux, elle défire que ce nom ineffable foit imprimé fur le front de toute Créature. Si elle fait entendre fa voix, c'eft pour inviter, c'eft pour folliciter; c'eft pour preffer ceux qui font encore Etrangers à JESUS-CHRIST, de fe faire par la régénération fpirituelle incorporer dans la Famille des Enfans de Dieu. Si fa prérogative eft d'être féconde en tous tems & en tous lieux, par la puiffance de fon divin Epoux; elle ne fe réjouit de fa fécondité que parce

qu'elle enfante à Dieu de vrais Adorateurs. Si sa gloire
est d'être universelle, un des principaux motifs qui la
détermine à se glorifier de ce privilege qui lui est essen-
tiellement propre & particulier, est qu'il lui procure
une occasion plus prochaine & plus prompte d'initier
au Christianisme ceux qui demandent le Baptême: Donc
rien n'est plus contraire aux désirs & à la conduite de
l'Eglise qu'un refus absolu & irrévocable d'administrer
ce Sacrement; c'est, sans doute, la raison pour laquelle
l'Histoire de l'Eglise ne produit aucun exemple d'un
pareil refus, quoique dès les premiers siécles de sa fon-
dation il y ait eu un tems d'épreuve prescrit pour préparer les Catéchumenes au Baptême.

En effet, l'épreuve du Catéchumenat ne peut produire que deux effets qui dépendent uniquement de
l'état où le Catechumene se trouve.

Si le Catéchumene est suffisamment préparé & disposé, le Baptême doit lui être accordé; il n'est ni loisible
ni possible de lui différer l'administration de ce Sacrement. *Peut-on*, disoit Saint Pierre (a), *refuser l'eau du
Baptême, à ceux qui ont reçu le Saint-Esprit?* Or, la préparation & la disposition intérieure & extérieure du Catéchumene ne peut être que l'effet de l'opération intérieure du Saint Esprit: Donc tout Catéchumene suffisamment disposé & préparé doit être baptisé.

Si au contraire, après la durée du délai requis pour
éprouver l'Adulte qui demande le Baptême, il arrive
que le Catéchumene ne soit pas encore assez instruit, ou
que sa conduite ne soit pas encore irrépréhensible & édifiante; en ce cas, le Pasteur constitué Ministre du Sacrement de Baptême, peut & doit en différer l'administration; mais il ne peut & il ne doit que différer; il ne
lui est pas permis, sous ce prétexte, de refuser pour toujours, absolument & irrévocablement.

(a) Act. chap.
10. verf. 47.

Il y a plus, le Miniftre de l'Eglife doit au Catéchumene un compte des motifs qui l'ont déterminé à différer de le baptifer, & ce devoir eft fondé en raifons. Premierement : Les Miniftres des Autels n'étant point Propriétaires de la grace que les Sacremens conferent, l'Eglife même n'ayant reçu de JESUS-CHRIST les Sacremens que comme un dépôt qu'elle eft chargée de fa part de diftribuer à ceux qu'il rend dignes d'y participer, toute idée de pouvoir arbitraire dans l'exercice des fonctions du Saint Miniftere, doit être écartée. Secondement, l'interêt du Catéchumene rend indifpenfable le compte que fon Pafteur lui doit de fes motifs. Comment, en effet, un Catéchumene pourroit-il connoître ou ce qu'il doit apprendre, ou ce qu'il doit pratiquer, ou ce qu'il doit éviter, fi on ne l'inftruit pas de la caufe actuelle qui rend le délai de fon Baptême néceffaire ! Troifiémement, enfin, comme ce délai ne peut avoir d'autre objet que celui d'augmenter dans fon cœur la foif & la faim de la vraye Juftice, le Pafteur ne doit le lui annoncer qu'avec peine, en lui faifant fentir que les deffeins de la divine Mifericorde fur lui fubfiftent toujours ; qu'ils auront, plutôt qu'il ne penfe, infailliblement leur effet ; en le conjurant avec des paroles toutes brûlantes du feu du divin Amour, de recourir à l'Auteur de tout don parfait ; pour obtenir de lui, & la grace d'une fainte préparation, & la grace d'être au plutôt régénéré fpirituellement : Enfin, ce Pafteur ne doit annoncer à fon Catéchumene, le délai de fon Baptême, qu'en lui faifant connoître en même-tems que c'eft la Religion, la fainteté du Sacrement qui l'obligent d'en agir ainfi, & que des foupçons équivoques, des préventions chimériques ne l'ont pas déterminé à lui differer l'adminiftration du Sacrement de Baptême.

Tels font en fubftance les vrais principes fur l'adminiftration du Baptême, qu'il s'agit maintenant d'appliquer à celui qui confulte.

Application des principes. Preuve de la premiere
Propofition.

Borach-Levy eft *Juif*, il n'a pas reçu le Baptême;
cela paroît conftant par la lettre de fa femme, par l'offre faite de 800 liv. au Prêtre de Sainte Marguerite, de
4000 liv. au Pere Lamblat; par le certificat des Magif-
trats d'Haguenau, ainfi que par ceux du fieur Dugué
& de Mᵉ. Calvel; par le Brevet du Roi du 12 Juin
1751, portant permiffion de refter trois mois à Paris,
permiffion que les feuls Juifs non baptifés font dans l'o-
bligation de prendre.

Il défire & demande le Baptême; cela eft prouvé par
fes démarches au Pere Crouft, au Prêtre de Sainte Marguerite, au Pere Lamblat; par la priere & réquifition
faite au fieur Curé de Saint-Sulpice; par fa priere à M.
l'Archevêque; par le récit qu'il a dépofé chez de Langlard, Notaire.

Dès qu'il n'a point reçu le Baptême, le Droit Divin,
le Droit Canonique & le Droit Civil fe réuniffent pour
foutenir qu'il ne doit pas en être exclus.

Dès qu'il le défire & le demande, les divines Ecritures, les Canons & les Loix féculieres fe réuniffent
pour ne le point rejetter, pour l'y difpofer s'il ne
l'eft pas, & pour l'y admettre s'il y eft difpofé.

Sa qualité de *Juif* n'eft pas un obftacle à la grace qu'il
demande. Les promeffes faites par les divines Ecritures
à fa Nation font en fa faveur un motif plus engageant
& plus preffant de lui ouvrir la porte du Salut: Po-

TIUS ITE AD OVES *quæ perierunt* DOMUS ISRAEL *.

La médiocrité de sa fortune actuelle ne peut pas l'exclure de la grace du Baptême ; la Religion de Jesus-Christ n'exige pas, pour qu'on l'embrasse, qu'on soit d'une fortune aisée : D'ailleurs, si ce que dit *Borach-Levy* dans son recit est vrai, qu'il n'a manqué de rien jusqu'à ce qu'on ait sçû dans sa famille & dans sa Nation qu'il s'instruisoit du Christianisme & vouloit l'embrasser, & si ce n'est que cette nouvelle qui a déterminé sa Nation & sa famille à lui couper les vivres, c'est un motif de lui hâter le Baptême, bien loin de l'en exclure ; & il faut convenir que la lettre de sa femme, que les offres faites à lui-même, au Prêtre de Sainte Marguerite & au Pere Lamblat, font une présomption bien forte de la sincerité de ces faits, & qu'il seroit difficile de ne pas sentir cette présomption se convertir en preuve à la lecture du dernier Placet où *Borach-Levy* demandant le Baptême à M. l'Archevêque pour toute grace, lui déclare que pourvû qu'il l'obtienne, il sera content qu'on le tienne enfermé dans un Convent ou même à *Bicêtre*.

Il dit avoir été instruit, & préparé par le Pere Lamblat sur la recommandation expresse de M. l'Archevêque de Paris ; il suppute le tems qu'il a été entre les mains du Prêtre de Sainte Marguerite & du Pere Lamblat, & ce tems est de plus de *huit mois* de Catéchumenat pour lequel les Canons n'exigent que quarante jours ; le fait peut aisément se vérifier ; s'il est vrai, son tems de Catéchumenat est plus qu'expiré, & il est dans le cas qu'on ne le proroge pas davantage ; les risques de ne pas recevoir promptement un Sacrement si essentiel pour le Salut s'y opposent.

Il est vrai que ce n'est pas assez que ce tems de Catéchumenat

chumenat fe foit écoulé, qu'il faut encore être affuré
qu'il en a tiré tout le profit néceffaire pour être admis
au Sacrement : Mais à cet égard, il n'y a qu'à l'examiner
par foi-même & diligemment pour ne pas proroger le
rifque ; ou s'en rapporter au Pere Lamblat, qui a eu Miffion Canonique pour l'inftruire & le difpofer.

D'ailleurs, après cette Million du Pere Lamblat ;
après l'affurance qu'il a donnée à M. l'Archevêque &
au fieur Curé de Saint Sulpice, que le Sujet étoit inftruit & difpofé ; après la promeffe donnée & réïterée
par le fieur Curé de Saint Sulpice de lui donner le Baptême ; après la fixation par ce Curé de la cérémonie au
Samedy-Saint ; après l'invitation faite à M. le Duc de
Châtillon & à Madame la Marquife de Rofen, d'être
Parrein & Marreine, le Curé pourroit-il fans fe rendre
fufpect d'affectation, propofer ce nouvel examen ? En
tout cas, *Borach-Levy* ne peut fe difpenfer de s'y fou-
mettre fi le S'. Curé l'exige : Mais en ce même cas, pour
ne pas expofer *Borach-Levy* à un Jugement auffi arbitraire
que l'eft le refus qui lui a été fait, il conviendroit de
commettre ou quelqu'un, autre que le Curé, pour faire
l'examen, ou quelqu'un pour affifter le Curé, s'il le faifoit lui-même, & pouvoir en rendre compte.

Cet examen ne pourra rouler que fur les vérités dont
la connoiffance eft néceffaire pour le Baptême, ou fur
les mœurs de *Borach-Levy* pendant fon Catéchumenat.

S'il répond pertinemment fur les vérités, tout fera dit
à cet égard.

Quant à fes mœurs, il faudra l'interroger auffi, & recevoir fes réponfes ; mais après les avoir reçues, on peut
prendre, pour s'informer fans procedure, un tems fort
court, à caufe du rifque, & que le délai requis eft expiré,

H

& il faudra s'en tenir, ou à sa déclaration sur les faits dont on n'aura point reçu de preuve au contraire, ou au témoignage du Pere Lamblat, qui l'a dirigé avec Mission, & après lui administrer le Baptême.

Son récit déposé chez de Langlard, semble indiquer qu'il pourra lui être opposé quatre reproches: Le premier, d'avoir, étant marié, songé à prendre une autre femme que la sienne, d'où il résulteroit qu'il auroit de l'opposition ou au moins de l'indifférence pour sa femme & pour sa famille. Le second, d'avoir presque nécessairement participé aux désordres du Prêtre de Sainte Marguerite, & de l'avoir même suivi chez Guery rue Zacarie. Le troisiéme, d'avoir par inconstance été trouver le Prieur du Temple. Le quatriéme d'avoir cherché à emprunter de l'argent.

Sur le premier article, en se renfermant même dans le récit de *Borach-Levy*, il est certain qu'il a eu tort; car dans la Religion Juive, aussibien que dans la Religion Chrétienne, le mariage est un lien que Dieu forme lui-même, il n'appartient pas à l'homme de séparer ce que (a) Math. 19. 6. Dieu a joint. *Quod (a) Deus conjunxit homo non se-* Marc. 10. 9. *paret.* Cette vérité sortie de la bouche de JESUS-CHRIST même, Auteur du Baptême qu'il désire, a été addressée par JESUS-CHRIST aux Juifs, qu'il vouloit directement & personnellement instruire de l'indissolubilité du lien du mariage. L'Eglise de JESUS-CHRIST s'est conformée à cette vérité: 1°. A l'égard même du mariage des Payens: Saint Ambroise en donne une raison admirable. Le Baptême détruit, dit-il, les crimes & non les mariages: *Si quis habuerit uxorem Virginem ante baptismum, vivente illâ, post baptismum alteram habere non potest;* CRIMINA (b) Ambr. lib. ENIM IN BAPTISMO SOLVUNTUR NON CONJUGIA (b). *Abraham*, cap. 7. 2°. A l'égard de toute femme dont le mari est obligé n. 39.

de se retirer en Pays étranger, & qui ne veut pas l'y suivre, le Concile de Verberie tenu en 753 en contient un Canon précis. Si . . . inevitabili neceſſitate cogente, y eſt-il dit (a), vir in aliam Provinciam fugerit, & uxor ejus eum ſequi noluerit, illo vivente illa innupta permaneat. 3°. A l'égard de tout homme qui s'eſt ſéparé d'une femme Payenne ; le Concile de Meaux tenu en 845, en porte un Canon exprès, qui dit (b) Uxore vivente alteram ducere non poſſit qui infidelem dimiſit, reſtatur Scriptura dicens : alioquin ſi diſceditis ab invicem & volentes cohabitare dimittitis, & aliis vos copulaveritis, adulteri eritis, & filii veſtri qui poſtea naſcentur erunt immundi, id eſt, ſpurii.

La Puiſſance ſéculiere a également fait à ce ſujet une Loi pour les Juifs ſpécialement. Le Code (c) de Juſtinien en contient une de l'Empereur Theodoſe le Grand du 30 Décembre 393, par laquelle il eſt défendu nommément aux Juifs de contracter de nouveaux mariages dans le cours d'un premier qui ſubſiſte, & de ne point retenir une coutume contraire dont ils s'étoient fait une Loi par abus. NEMO JUDÆORUM morem ſuum in conjunctionibus retineat, nec juxta legem ſuam nuptias ſortiatur, nec IN DIVERSA SUB UNO TEMPORE CONJUGIA CONVENIAT.

Or, dès que ſuivant les Canons fondés ſur l'Evangile même, un Chrétien ſorti du Paganiſme, ſoit que ſa femme non convertie le quitte, ſoit que lui-même la quitte, ne peut, tant qu'elle vit, en épouſer une autre : Dès que ſuivant les Loix ſéculieres, également fondées ſur l'Evangile, un Juif dans ſa Religion même n'a pas la liberté de diſſoudre ſon lien conjugal qu'il a contracté ſous les yeux de Dieu, ni d'en contracter un nouveau tant que le premier ſubſiſte ; à plus forte raiſon, le Juif

H ij

(a) Can. Non ſatis 34. queſt. 1 & 2.

(b) Can. Quod vero 28. queſt. 2.

(c) L. 7. Cod. de Judæis.

marié, qui devient Chrétien, doit garder religieuse-
ment & inviolablement fon lien conjugal. Il eft vrai
qu'on a des exemples au contraire, & qu'il y a quelques Canons qui femblent les appuyer ; mais il eft vrai
auffi que ces Canons n'ont été faits qu'en des tems épi-
neux, dans des occafions difficiles, des circonftances
embarraffantes, par pure indulgence, en compatiffant à
la foibleffe humaine, à une foibleffe alors pour ainfi dire
univerfelle, furtout avec la plus fenfible répugnance.

Mais en convenant que *Borach-Levy* a eu tort à cet
égard, il eft néceffaire auffi d'obferver : 1°. Qu'il eft
excufable en ce qu'il avoit été mal inftruit fur l'article
par le Prêtre de Sainte Marguerite, qui peut-être lui-
même étoit fur ce fujet dans l'ignorance des vrais principes, & entraîné dans l'erreur par des exemples qui
ne peuvent jamais fe confiderer comme regles, quelque
multipliés qu'ils puiffent être. 2°. Il faut de plus remar-
quer que le cœur & l'efprit n'avoient point de part au
confentement que *Borach-Levy* paroiffoit donner de
contracter un mariage après fon Baptême : En effet,
quelques jours s'étoient à peine écoulés depuis fon confentement, & cependant il avoit déja pris fur cet article les fentimens qu'il doit avoir, qu'il tient encore aujourd'hui, & qui font bien contraires aux premiers qui
lui avoient été infpirés. Il y a plus de fix mois qu'il a totalement perdu de vûe l'idée qui lui avoit été fuggerée,
de forte que le reproche qui lui eft fait d'avoir confenti, fa femme étant vivante, d'en époufer une autre,
ne peut être aujourd'hui une caufe légitime de lui refufer le Baptême.

Accufer *Borach-Levy* de n'avoir penfé à prendre une
autre femme qu'en conféquence de l'oppofition ou du
moins de l'indifférence qu'il a pour celle qui lui eft

unie, & pour fa famille, c'eſt ſe livrer à des ſoupçons
pour rendre ſuſpecte la droiture de ſes intentions, &
lui imputer un ſentiment qu'il déſavoüe lui-même.

En effet, quoiqu'il ſçache juſqu'où va l'averſion que
ſa Nation a pour le Chriſtianiſme, & qu'il ait tout lieu
de craindre humainement parlant que celle de ſa femme
& de ſa famille ſera invincible, il ne laiſſe pas cependant d'avoir pour ſa femme & ſa famille les mêmes
ſentimens de tendreſſe qu'il a reſſentis pour des perſonnes ſi cheres à ſon cœur, & à qui il a toujours donné
des preuves non équivoques d'affection.

D'ailleurs, quand on pourroit ſuppoſer qu'au moment & à l'inſtant de ſon conſentement il avoit pour
ſa femme & ſa famille de l'oppoſition, ou au moins de
l'indifférence, que conclure de ce ſentiment dont il
s'eſt repenti dans la ſuite, qui n'a été que paſſager, &
qui depuis plus de ſix mois n'eſt plus la diſpoſition de
ſon cœur ? Regardera-t-on ſa faute comme un crime
irrémiſſible ? En penſer ainſi, ce ſeroit tout à la fois
heurter de front les notions les plus communes de la
Religion & de la raiſon ; & ſi ſa faute n'eſt pas une faute
irrémiſſible, dès qu'il eſt conſtant qu'il la déteſte depuis
plus de ſix mois, c'eſt-à-dire pendant un délai plus
long que celui requis pour s'aſſurer de la ſincere converſion d'un Catéchumene, elle n'eſt plus une cauſe
légitime pour lui refuſer le Baptême.

Sur le ſecond article, le reproche que l'on fait à
Borach-Levy n'eſt étayé que ſur des conjectures & des
ſoupçons. Mais d'abord, dans quel endroit de l'Evangile, dans quelle déciſion de l'Egliſe a-t-on trouvé
écrit que de ſimples conjectures, des ſoupçons, auto-
riſoient à refuſer pour toujours le Baptême, c'eſt-à-
dire à réduire celui que l'on ſoupçonne, à l'affreuſe

néceffité de ne pouvoir être que l'ennemi de Dieu pendant fa vie, & après fa mort la victime éternelle de fa Juftice alors inéxorable?

De plus, quand le reproche fait à *Borach-Levy*, feroit jufte au fonds, c'eft-à-dire qu'il feroit prouvé qu'il auroit ou commis lui-même des défordres, ou participé à ceux du Prêtre de Sainte Marguerite, le tout pendant qu'il étoit lié avec ce Prêtre, ce ne feroit pas, plus de huit mois après ces défordres commis, un motif valable pour lui impofer une pénitence particuliere préalable au Baptême, parce que le Baptême remet non-feulement le péché originel, mais auffi les péchés actuels, & qu'il les remet non-feulement quant à la *coulpe*, mais même quant à la *peine;* c'eft ce qu'enfeignent les Catéchifmes, ainfi que tous les Théologiens, & entr'autres Pontas en fon Dictionnaire des Cas de confcience, au mot *Baptême.* Il ne feroit pas même poffible d'exciper de ces défordres à l'effet de s'en faire un prétexte pour différer à *Borach-Levy* le Baptême, parce qu'ayant quitté le Prêtre de Sainte Marguerite en Octobre 1751, & s'étant mis auffitôt entre les mains du Pere Lamblat, il a vêcu d'une maniere irréprehenfible depuis Octobre jufques aujourd'hui.

En effet, il n'en eft pas des Catéchumenes qui ont commis quelques fautes graves avant le délai prefcrit pour le Catéchumenat, comme des Fideles qui fe font rendus coupables de péchés mortels. L'Eglife trouvant dans le Baptême un moyen furabondant pour purifier les Catéchumenes, ne s'inquiete à leur égard que du foin de les inftruire, & de s'affurer pendant un court délai de quarante jours, de la fincerité de leur converfion & de la pureté actuelle de leurs mœurs. Or *Borach-Levy* a été éprouvé pendant fix mois, fans que pendant

ce tems qui que ce foit puiffe lui reprocher quelque
chofe : Donc fon Catéchumenat eft un tems d'épreuve
plus que fuffifant : Donc il n'eft plus permis de differer
fon Baptême. D'ailleurs les foupçons qu'on forme à fon
fujet , font deftitués de toutes preuves ; & dès-là il
faut s'en rapporter à fa déclaration , qui fuivant fon récit, eft qu'il n'y a rien à lui reprocher , qu'il n'eft point
coupable : Il eft donc dans le cas où tout Miniftre ne
peut pas fe difpenfer de le baptifer.

Sur le troifiéme article , fon récit porte qu'il ne s'eft
adreffé au Prieur du Temple que depuis le premier refus que le Samedy Saint le fieur Curé de Saint Sulpice
lui a fait du Baptême, depuis le refus que lui a fait M.
l'Archevêque de Paris de permettre qu'il reçût ce Sacrement, depuis la défenfe faite par M. l'Archevêque
au Pére Lamblat de l'inftruire & le conduire davantage,
& uniquement afin de parvenir à fléchir M. l'Archevêque & à le ramener fur fon compte ; dans ces circonftances, on ne pourroit fonder fur un tel prétexte
le refus qui lui eft fait.

Sur le quatriéme article, avoir cherché à emprunter
de l'argent , ne feroit pas en foi une caufe folide ni
légitime pour refufer le Baptême. Et en effet, quand le
Catéchumene n'auroit rien , quand il devroit , quand
il feroit dans la plus extrême pauvreté, y a-t-il dans
l'Eglife & dans l'Etat aucune Loi en vertu de laquelle
fur ce motif, il dût être exclus du Baptême? L'Evangile n'eft-il pas annoncé principalement aux Pauvres ?
En tout cas *Borach-Levy* préfent, déclare au Confeil
fouffigné , qu'il a à la vérité cherché récemment de
quoi lever l'Arrêt qu'il a obtenu au Confeil du Roy
contre Rooz ; que c'auroit été un objet tout au plus de
200 livres ; qu'il doit d'ailleurs 250 liv. à Girard Limo-

nadier qui a titre & Sentences contre lui ; & environ 250 liv. tant à Guery qu'autres qui n'ont point de titres contre lui : que ce font-là toutes fes dettes , & que s'il avoit levé fon Arrêt, il feroit en état de recouvrer par fuite plus de 6000 livres qui lui font dûës. Si cela eft ainfi , que deviendra le reproche ?

Ces reproches ainfi écartés, ne paroiffant pas qu'il foit poffible d'en propofer aucun autre depuis fpécialement plus de fix mois qu'il a quitté le Prêtre de Sainte Marguerite, & fuppofant dans *Borach-Levy* une inftruction & une difpofition fuffifante felon & d'après le témoignage du Pere Lamblat, à qui le foin d'inftruire & de conduire *Borach-Levy* avoit été expreffement recommandé par M. l'Archevêque , il eft fans difficulté que le Baptême de ce Juif ne peut être differé ni encore moins refufé, & que les refus qui lui font faits à cet égard ne font pas légitimes.

Le fieur Curé de Saint Sulpice n'avoit point de prétexte pour refufer le Baptême ; *Borach-Levy* réfide & loge fur fa Paroiffe , & dès-là il ne pouvoit s'adreffer qu'à ce Curé pour demander & recevoir le Baptême. En effet, il n'y avoit que ce Curé qui de Droit divin & en conféquence des Loix & du concours de la Puiffance Ecclefiaftique & de la Puiffance Séculiere, devoit & pouvoit exercer fur ce Catéchumene une vraye Jurifdiction.

Lorfque le Curé de Saint Sulpice a confenti de recevoir ce Catéchumene au Baptême, quand il a fixé le jour de fa célébration au Samedy-Saint dernier, quand il a promis & réiteré fa promeffe de le baptifer, il a fait ce qu'il devoit faire ; d'où il s'enfuit qu'il eft, pour ne rien dire de plus, au moins inexcufable , d'avoir au jour indiqué, refufé de baptifer *Borach-Levy*, & de

perfeverer

perseverer dans son refus, malgré la priere & requisition du 5 May 1752.

Inutilement ce Curé allégueroit-il que la femme & toute la famille de son Catéchumene étant établis à Haguenau, c'est-là qu'est le domicile de ce Catéchumene; que par conséquent son véritable Pasteur est le Curé de la Paroisse dans le district de laquelle se trouve le logement que sa femme occupe à Haguenau, Diocèse de Strasbourg; qu'ainsi il ne se reconnoît aucune Jurisdiction sur ce Catéchumene qui n'a point & qui ne peut avoir de domicile à Paris. Le foible d'une pareille excuse se découvre aisément.

Et d'abord 1°. Il est certain qu'un *Juif* n'a point proprement de domicile; il n'a point d'état dans le Royaume; il y est, ainsi que tous les Membres de sa Nation, errant; il n'est Citoyen nulle part; il est donc, quoique François, étranger à chaque Ville de France, & par conséquent à Haguenau comme à Paris; d'où il s'ensuit que l'habitation de sa femme à Haguenau ne fixe pas le vrai domicile de *Borach-Levy* dans cette Ville. 2°. Ce seroit chose tout-à-fait déraisonnable que d'obliger un *Juif* à ne se faire admettre au Baptême que dans le lieu où réside sa famille, & où sa Nation le connoît, puisque ce seroit déterminement l'exposer aux plus grands dangers, attendu l'aversion que cette Nation a pour la Religion Chrétienne. Il ne sçauroit y avoir de doute sur le risque que pourroit y courir *Borach-Levy* après l'offre des 800 livres faite au Prêtre de Sainte Marguerite, & l'avanture arrivée au Pere Lamblat le jour des Rameaux dernier. 3°. Tout Etranger, quoiqu'il ne loge qu'en passant sur une Paroisse, a recours pour les Sacremens, en cas de besoin & de nécessité, au Curé de la Paroisse sur laquelle il demeure, & même

I

il ne pourroit pas recourir à d'autres, parce qu'il n'y a que ce Curé qui puisse dans ce district avoir & exercer quelque droit sur cet Etranger ; dès-là & par une suite naturelle de ce droit Curial, le Curé est aussi dans l'obligation de prêter au besoin son Ministere à cet Etranger, & même de le prévenir.

Ces réflexions découvrent la conduite que *Borach-Levy* & le sieur Curé de Saint Sulpice, dans les circonstances où ils se trouvoient, devoient réciproquement tenir.

A l'égard de *Borach-Levy* quelle étoit sa situation, & que devoit-il faire ?

Borach-Levy est Juif ; l'anathême sous lequel il est le saisit d'effroi. Une lumiere divine l'éclaire, Jesus-Christ n'est plus pour lui un sujet de scandale, c'est son Dieu, son Sauveur. Pour lui être incorporé, il n'a qu'un moyen, & ce moyen unique est le Baptême ; déja ce Sacrement est le seul objet qui fixe ses désirs & qui dirige ses démarches. Il est à la vérité, par état, étranger à tout & partout, mais il réside à Paris, & son séjour en cette Ville n'est pas l'effet du hazard : le changement de son cœur, les moyens dont Dieu s'est servi pour operer ce changement, tout lui annonce que s'il se trouve en cette Ville, c'est la Providence qui l'y a conduit ; il y reste donc pour attendre les momens du Seigneur : Mais où son Dieu consommera-t-il ce qu'il a déja commencé en lui ? La Providence vers la fin de son Catéchumenat fixe son domicile sur la Paroisse Saint Sulpice. Que ne doit-il pas esperer de la charité du Pasteur ! Il a en effet le droit de conférer le Baptême, & il est dans l'obligation de le lui administrer lorsqu'il en sera requis, sans pouvoir se servir, pour le lui refuser, du prétexte qu'il est Etranger. Le

fieur Curé de Saint Sulpice lui paroît donc être l'A-
nanie à qui le Seigneur l'envoye: de-là les différentes
fupplications qu'il lui adreffe pour le conjurer de lui
adminiftrer le Baptême. Mais que les voyes du Seigneur font incomprehenfibles ! Ce Pafteur promet
d'adminiftrer; nul motif légitime furvenu depuis fes
promeffes ne l'autorife à les rétracter : quelle eft donc
fa conduite ? Il refufe de baptifer *Borach-Levy*.

Ce feroit envain que le Curé de Saint Sulpice, pour
excufer fon refus, s'autoriferoit de la défenfe que M.
l'Archevêque lui a faite d'adminiftrer à *Borach-Levy*
le Baptême, comme il l'avoit promis. Pareille excufe
ne pourroit être écoutée. Le Curé de Saint Sulpice a
reçu immédiatement de Dieu fon Miniftere ; il doit
donc maintenir les droits de fa place, & remplir les
devoirs qui y font attachés ; il doit exercer les derniers
pour foutenir, entretenir & conferver les premiers. Si
par exemple, le titre de fa Cure étoit attaqué, fa religion lui dicteroit-elle de demeurer dans l'inaction &
le filence ? Il n'y doit donc pas demeurer fi c'eft l'exercice d'un devoir attaché à ce titre, auquel fe porte
l'atteinte.

Lorfque cette défenfe lui a été faite, ou M. l'Archevêque lui en a expliqué une caufe, ou il ne lui en a
point expliqué. Au premier cas le Curé n'a dû y défé-
rer qu'autant qu'il a trouvé la caufe jufte, & alors il
n'a pas dû la tenir cachée au Catéchumene lorfque le
Catéchumene l'a prié & requis de déclarer les caufes
de fon refus. Au fecond cas le Curé n'a pas dû par défé-
rence pour M. l'Archevêque, fe rendre perfonnelle-
ment prévaricateur contre les Canons & les Loix.

M. l'Archevêque n'a point non plus de prétexte pour
rétracter les efperances qu'il avoit données à *Borach-*

Levy, ni pour lui refuſer la permiſſion de ſe faire baptiſer dans le Diocèſe & dans la Ville de Paris, ſoit par
le Curé de Saint Sulpice, comme la régle le dicte, ſoit
par tout autre Prêtre au refus de ce Curé.

M. l'Archevêque s'étoit conformé aux Canons & aux
Loix, lorſqu'il avoit donné à *Borach-Levy* ces eſpe-
rances, & recommandé au Prêtre de Sainte Marguerite, & ſucceſſivement au Pere Lamblat, de l'inſtruire
& de le diſpoſer ; M. l'Archevêque n'a pû à cet égard,
ſans y contrevenir, ſe rétracter, & défendre au Curé
de Saint Sulpice d'adminiſtrer le Baptême, à moins
qu'il n'y ait eu quelque cauſe légitime. S'il l'a fait ſur
quelque fondement, il doit s'en expliquer, & laiſſer
au ſieur Curé de Saint Sulpice la liberté de le dire.

Il eſt vrai que M. l'Archevêque n'a pas été par une
priere & réquiſition juridique mis en demeure de s'expliquer ; mais *Borach - Levy* obſerve que s'il n'a pas
juridiquement requis M. l'Archevêque de lui permettre
d'être baptiſé, cette réquiſition ne lui manque que parce
qu'il n'a pû depuis quelques évenemens qui ont ſuivi
de très-près le refus du ſieur Curé de Saint Sulpice,
trouver aucun Officier qui voulût à cet effet lui prêter
ſon miniſtere. Cette obſervation & celles qui ſuivent
dans le récit de *Borach-Levy* méritent toute l'attention
de la Juſtice.

Mais ces obſervations indiquent que le Curé de S.
Sulpice n'a refuſé le Baptême que parce que défenſe lui
a été faite par M. l'Archevêque de l'adminiſtrer à *Borach-Levy* : & dès-là elles montrent que le refus de M.
l'Archevêque dont il n'y a point de preuve juridique eſt
véritable ; que le refus du Curé de Saint Sulpice & celui
de M. l'Archevêque ſont liés ; que ces refus ont un
même germe ; & ſont également contraires aux Canons
de l'Egliſe & aux Loix Séculieres.

En effet, ces deux refus faits fans caufe, & deftitués même de tout prétexte fpécieux, tendent à priver, contre les Canons & les Loix, *Borach-Levy* d'un être dans l'Eglife, & d'un être dans l'Etat; ils ne font donc pas légitimes.

La premiere propofition fe trouve par conféquent établie.

SECONDE PROPOSITION.

L'unique voye de remedier à ces refus, eft de les faire dénoncer publiquement à la Puiffance fouveraine confiée au Parlement TOUTES LES CHAMBRES ASSEMBLÉES, *en fe mettant en même tems* SOUS SA SAUVE-GARDE ET PROTECTION.

Les refus dont il s'agit font contraires aux Canons & aux Loix ; ils portent à celui à qui ils font faits le double préjudice de le priver d'un être dans l'Eglife fans lequel il n'y a point de falut pour lui, & d'un être dans l'Etat fans lequel il tomberoit dans une condition plus malheureufe que celle des *Juifs* qu'il quitte pour fuivre Jesus-Christ. Il eft queftion d'y apporter remede.

Dire à *Borach-Levy* de fe retirer dans le lieu où réfide fa famille, de s'y adreffer au Curé, ou à l'Evêque, pour leur demander le Baptême, ce feroit chofe tout-à-fait déraifonnable, ainfi qu'il a déja été obfervé, attendu l'averfion des Juifs pour la Religion Chrétienne ; d'ailleurs après l'affaffinat prémedité fur le Pere Lamblat en plein jour dans l'intérieur de fon Couvent, eft-il difficile de concevoir ce que *Borach-Levy* devroit craindre même au milieu des fiens?

. L'engager d'aller en toute autre Paroiſſe que celle de
Saint Sulpice dans le Diocèſe de Paris, ou en tout autre
endroit en France y demander le Baptême, ſans qu'il
ait été auparavant ſtatué ſur les refus qu'il éprouve ; c'eſt
lui propoſer une démarche dont il ne pourroit raiſonna-
blement ſe promettre aucun ſuccès.

En premier lieu, la ſincérité qu'exige la Religion
Chrétienne qu'il embraſſe, ne lui laiſſeroit diſſimuler
nulle part les refus du ſieur Curé de Saint Sulpice &
de M. l'Archevêque de Paris ; mais alors *Borach - Levy*
pourroit-il ſe flater d'être accueilli favorablement ?
doit-il même expoſer les Curés de ce Diocèſe à la néceſſité de ſe compromettre avec M. l'Archevêque ?

Dans tout autre endroit en France, il n'eſt pas vrai-
ſemblable que *Borach-Levy* après de tels refus, obtienne
le Baptême. En effet, qui oſeroit tenir une conduite
differente de celle qui a été tenue à ſon égard dans
la Capitale du Royaume où ſont cenſées réſider les
lumieres les plus grandes & les plus pures ?

. En ſecond lieu, quand on pourroit préſuppoſer que la
conduite tenue à Paris pour priver *Borach-Levy* de la
grace du Baptême, ne ſeroit pas ſuivie dans tout autre
endroit où il pourroit aller ; quand on pourroit préſuppoſer qu'un Miniſtre fidele à ſa vocation , & par conſéquent ſans prévention, ſans entêtement, auroit aſſez
de charité pour le recevoir, pour le conſoler, pour l'en-
courager, aſſez de foi pour reconnoître un Dieu préſent
dans ce Catéchumene par ſa miſéricorde ; mais hu-
milié, ſous l'anathême, rejetté dans & avec ſa brebis
qu'il avoit cherchée lorſqu'elle étoit égarée, qu'il avoit
chargée ſur ſes épaules, qu'il avoit amenée à ſon Ber-
cail, & à qui ſes Miniſtres en ont par un refus ſans
cauſe, abſolu & irrévocable, fermé autant qu'il étoit en

eux l'entrée pour toujours ; quand on pourroit fuppofer toutes ces chofes , fuppofition que le malheur des tems & l'expérience ne permettent d'admettre que parce que rien n'eſt impoffible à Dieu , il faut toujours convenir que ce pieux Miniſtre qui ne connoîtroit pas ſon Ca-téchumene aſſez parfaitement , ne pourroit pas ſe diſ-penſer de lui faire ſupporter une nouvelle épreuve avant que de lui adminiſtrer le Baptême.

Ce nouveau délai, ce nouveau Catéchumenat, *Bo-rath-Levy* eſt-il en état actuellement de le ſupporter ? Depuis qu'il a rompu avec les Juifs , depuis qu'il a ou-vertement fait profeſſion du defir qu'il a d'appartenir à JESUS-CHRIST, ſa famille l'a totalement abandonné quant aux ſecours temporels ; ſa Nation a rompu tout com-merce avec lui ; ſon état actuel eſt donc de ſe trouver dans l'impuiſſance de fournir à ſes beſoins les plus preſ-fans ; cet état dans lequel il ne ſe trouveroit pas, s'il avoit le moyen de faire le recouvrement de differentes ſommes aſſez confidérables qui lui ſont dûes, état néan-moins qu'il ſupporte patiemment, ſans vouloir être à charge à qui que ce ſoit ; cet état ſi penible à la nature, que la Foi répandue dans ſon cœur adoucit, eſt par conſéquent une démonſtration complette qu'il lui eſt impoſſible de s'expoſer par la demande du Baptême à recommencer, dans un endroit où il n'eſt pas connu, une nouvelle épreuve à laquelle il n'eſt aſſujetti par au-cune Loi, lorſqu'à Paris il a en ſa faveur le témoignage du Pere *Lamblat*, qui chargé par M. l'Archevêque de l'inſtruire & de le conduire, atteſte, après l'avoir eu ſous ſa conduite plus de ſix mois, qu'il eſt ſuffiſamment inſtruit & diſpoſé, & par conſéquent qu'il eſt en état d'être baptiſé.

En troiſiéme lieu , cette nouvelle épreuve eſt impraticable: En effet, *Borach-Levy* ne parle que très-im-parfaitement la Langue Françoise, & quiconque n'entend pas l'Allemand, ne peut être par lui-même instruit exactement de ses réponses aux demandes qui lui sont faites: Ainsi, excepté en Alsace, où la Langue Allemande est familiere, mais où il n'est pas convenable de renvoyer BORACH-LEVY, eû égard au risque qu'il pourroit courir d'y perdre la vie, il n'y a guéres lieu d'espérer qu'il puisse, en quittant Paris, trouver un Ministre dont il soit entendu; par conséquent ce seroit à pure perte qu'il iroit demander le Baptême dans tout autre endroit que Paris, puisqu'aucun Ministre ne pourroit, faute de pouvoir l'entendre, juger s'il est suffisamment instruit & bien disposé.

Lui conseiller de se faire administrer le Baptême dans le particulier & sans les Cérémonies usitées, & au surplus de demeurer dans sa situation présente, ce seroit, quant au Baptême, un violement des regles & un scandale, ce Sacrement ne devant, suivant les Canons, ainsi qu'on l'a établi ci-devant (*a*), être administré dans le particulier qu'en cas d'absolue necessité. Et quant à sa situation, ce seroit le réduire à l'extrêmité la plus fâcheuse; car, ainsi qu'il a déja été dit, tout Commerce de sa part se trouve rompu avec les *Juifs*, au milieu desquels il ne pourroit retourner sans risque de sa personne, & peut-être de sa vie; & tant qu'il ne pourroit prouver par acte autentique qu'il auroit été baptisé, les Chrétiens ne pourroient prendre en lui de confiance, & se rendroient difficiles dans le Commerce avec lui.

Il n'y a donc d'expédient à lui ouvrir que de solliciter à Paris même le Baptême, & après qu'à cet effet il a fait toutes les démarches de devoir & épuisé tou-

(*a*) Premiere Proposition, §. V.

tes les bienséances, qui n'ont abouti qu'à des refus,
il ne lui reste que de se pourvoir juridiquement pour parvenir à ce qu'il desire.

Mais à qui *Borach-Levy* doit-il s'adresser ? Se plaindra-t-il des refus qui lui sont faits, aux Juges d'Eglise,
ou aux premiers Juges Royaux, ou à la Grand'Chambre du Parlement, ou au Parlement, TOUTES LES
CHAMBRES ASSEMBLÉES ?

Borach-Levy ne peut se pourvoir devant les Juges
d'Eglise : 1°. Il y a ici deux refus, l'un du Curé de saint
Sulpice, l'autre de M. l'Archevêque : Il faudroit se
pourvoir devant M. l'Archevêque sur le refus du Curé
de saint Sulpice ; il faudroit se pourvoir à la Primatie
de Lyon, sur le refus de M. l'Archevêque ; en général
pour le tout, ce seroit se livrer à des frais qu'il n'est
pas en état de faire, & à des délais dont jamais il ne
verroit la fin. 2°. Sur le refus du Curé de saint Sulpice,
se pourvoir devant M. l'Archevêque, qui refuse aussi, ce
seroit une véritable dérision. 3°. Il ne seroit pas écouté à
la Primatie de Lyon sur le refus de M. l'Archevêque de
Paris ; parce que la plainte d'un tel refus n'est pas recevable, si elle n'est accompagnée d'une preuve écrite
du refus.

Pour se pourvoir devant les Juges Royaux, outre que
ce seroit une Procédure trop couteuse & trop longue,
il faudroit distinguer le refus du Curé de saint Sulpice, &
le refus de M. l'Archevêque.

Il pourroit traduire le Curé de saint Sulpice sur son
refus devant les Juges Royaux : L'Article 23 des Lettres
Patentes de Louis XIV. accordées en forme d'Edit sur
les prieres du Clergé de France au mois d'Avril 1695,
& regiftrées au Parlement en la Grand'Chambre seule-

K

ment le 14 May fuivant, permet aux premiers Juges Royaux de veiller à ce que les Titulaires des Bénéfices, & par conféquent les Curés des Paroiffes, acquittent leur *Service*, & il eft prouvé que l'Adminiftration du Baptême eft un *Service* & une dette des Curés ; mais ces Lettres pour ce même cas ne rendent pas l'autorité confiée aux premiers Juges Royaux affez puiffante, pour réprimer efficacement le déni fait par le Curé de faint Sulpice de fa dette, & de Juftice, furtout ce Curé fe trouvant étayé par la défenfe que lui a faite M. l'Archevêque ; enforte qu'il lui feroit totalement inutile de fe pourvoir devant les premiers Juges Royaux contre le Curé de faint Sulpice.

Il ne pourroit point traduire M. l'Archevêque fur fon refus devant les premiers Juges Royaux, parce que le même Article 23 des Lettres Patentes de 1695, ne laiffe le pouvoir de veiller à l'acquittement du Service dû par les Archevêques & Evêques, nommément qu'aux Cours de Parlement.

Il ne pourroit fe pourvoir ni régulierement ni utilement à la Grand'Chambre du Parlement : Et, en effet, s'il avoit à s'y pourvoir, ce ne pourroit être que contre le refus du Curé de faint Sulpice, ou contre le refus de M. l'Archevêque ; & il ne pourroit s'y pourvoir, qu'en prenant la voye de l'appel comme d'abus ; car par l'Article 34 des mêmes Lettres Patentes, la connoiffance des Caufes concernant les Sacremens, ne peut être prife en la Grand'Chambre du Parlement, *fi ce n'eft qu'il y eût appel comme d'abus interjetté.* Or, l'appel comme d'abus du refus du Curé de faint Sulpice, n'y pourroit être reçu, parce que le Curé de faint Sulpice ayant M. l'Archevêque fon Supérieur Eccléfiaftique sur le lieu même, il seroit de la regle de renvoyer l'Appelant à se pourvoir devant M. l'Archevêque, sans aucun égard à l'allégation qu'il feroit du refus de M. l'Archevêque, sans la soutenir de preuve écrite. L'appel comme d'abus du refus de M. l'Archevêque n'y seroit pas reçu davantage, précisément par cette raison qu'il n'en feroit point rapporté de preuve écrite.

Il ne lui reste donc plus que la voye de la *dénonciation*; cette voye seroit légitime partout, mais elle feroit sans fruit absolument, si elle étoit portée, soit aux Juges d'Eglise, parce qu'ils n'ont en main aucun pouvoir exterieur pour contraindre; soit aux premiers Juges Royaux, parce que leur autorité n'est ni assez étendue ni assez puissante; soit à la Grand'Chambre du Parlement, parce que l'enregistrement des Lettres Patentes de 1695, limite en quelque sorte son pouvoir.

Ce n'est donc qu'au Parlement, TOUTES LES CHAMBRES ASSEMBLÉES, que cette *dénonciation* se peut faire avec esperance du fruit qu'elle doit naturellement produire.

La compétence de TOUTES LES CHAMBRES ASSEMBLÉES, sur la matiere dont il s'agit, n'est point douteuse; elles sont les Dépositaires de la Puissance Royale qui leur est confiée par nos Souverains, spécialement dans la portion nécessaire pour l'exécution des Préceptes de l'Evangile, des Canons de l'Eglise, & des Loix du Royaume, données pour le maintien de la Foi, de la Religion & de la Discipline Ecclesiastique.

L'Autorité de nos Rois & de leurs Loix en cette matiere, ne sçauroit jamais être contestée. (a) *Agnosco*, disoit Saint Gregoire le Grand, *Imperatorem à DEO*

(a) S. Gregoire le Grand, Epist. 94. lib. 2.

K ij

*CONCESSUM non militibus folùm, fed & SACER-
DOTIBUS etiam DOMINARI.*

Les Princes de la terre, qui profeffent la Religion
de JESUS-CHRIST, ont reçu leur Puiffance, afin
principalement de maintenir l'obfervation de la Difcipline Ecclefiaftique. *Principes fæculi nonnunquam
intrà Ecclefiam Poteftatis adeptæ culmina tenent, ut per
eamdem Poteftatem, Difciplinam Ecclefiafticam mu-
niant.*

Leur Puiffance deviendroit inutile pour l'Eglife, fi
dans le befoin elle n'y étoit pas exercée pour inculquer
par terreur ce que les Miniftres de l'Eglife ne font chargés que d'enfeigner, & s'efforcer de perfuader : *Cæ-
terùm intrà Ecclefiam Poteftates neceffariæ non effent,
nifi ut quæd non prævalent Sacerdotes efficere per Doctri-
næ fermonem, Poteftas hoc imperet per Difciplinæ ter-
rorem.* Il eft arrivé que des Membres dans l'Eglife fe font
revoltés contre fa Foi & contre fes Regles ; qu'ils ont
été réprimés par la rigueur des Souverains ; & qu'ainfi
Dieu s'eft fervi utilement pour le Royaume du Ciel,
de la Puiffance de la Terre. *Sæpè per Regnum terre-
num Cælefte Regnum profuit, ut qui intrà Ecclefiam
pofiti contra Fidem & Difciplinam agunt, rigore Prin-
cipum conterantur.* C'eft pourquoi lorfque l'utilité de
l'Eglife le demande, & que cette utilité fe trouve fans
force, il eft neceffaire que la Puiffance Souveraine vienne à fon fecours, & qu'en prêtant à l'Eglife fa force,
elle lui faffe rendre la vénération qui lui eft dûe. *Ip-
famque Difciplinam quam utilitas Ecclefiæ exercere non
prævalet, cervicibus fuperborum Poteftas principalis im-
ponat, & ut venerationem mereatur, virtutem Poteftatis impertiatur.* Les Princes temporels font comptables

à Dieu de ce pouvoir qu'ils ont reçu pour proteger l'Eglife. *Cognofcant Principes fæculi Deo debere effe.red-dituros rationem propter Ecclefiam quam à Chrifto tuendam fufcipiunt; nam five augeatur pax & Difciplina per fideles Principes, five folvatur, ille ab eis rationem exigit qui eorum Poteftati fuam Ecclefiam tradidit.* C'eſt ainſi que s'exprimoit vers l'an 451 le grand Pape ſaint Léon, en écrivant à Pulcherie Auguſté, fille du grand Théodoſe (*a*).

(*a*) *Leo Ep. 29.* ad Pulcher. Aug. Can. Principes 23. queſt. 5.
(*b*) Lup. Abb. Ferr. Ep. 81.

Ce ſentiment du Pape Saint Leon ne lui étoit point particulier. Loup, Abbé de Ferrare (*b*), penſoit de même, & s'exprimoit en termes encore plus énergiques; car il conſidere que JESUS-CHRIST qui réunit en lui les qualités de *Roi* & de *Prêtre*, & qui en cette double qualité, a toute la Puiſſance pour le gouvernement de ſon Eglife, a diſtribué cette même puiſſance entre les Miniſtres de l'Eglife & les Rois. *Chriftus Rex Regum, idemque Sacerdos Sacerdotum poteftatem fuam ad gubernandam Ecclefiam in Sacerdotes divifit & Reges.*

Le fixiéme Concile de Paris, tenu en 829 ſous Louis le Débonnaire, chapitre 3 , a adopté ces expreſſions énergiques, & les a encore étendues, en diſant que le ſoutien de tout le Corps de l'Eglife ſe trouve ici bas diſtribué principalement entre les Prêtres & les Rois, & en atteſtant que c'eſt-là une vérité venûe par tradition des Peres : *Principaliter itaque totius Sanctæ Dei Ecclefiæ Corpus, in duas eximias perfonas, in Sacerdotalem fcilicet & Regalem, ficut à Sanctis Patribus traditum accepimus, divifum effe novimus.*

C'eſt ſur le fondement de cette vérité, tranſmiſe par tradition des Peres juſqu'à nous, que les Empereûrs Chrétiens ont veillé au maintien de la foi & de la diſcipline dans l'Eglife, & qu'ils ont à ce fujet donné des Loix ; auſquelles les Evêques mêmes ont été aſſujettis ainſi que tous les Membres généralement de l'Eglife : *Si omnis anima Poteſtatibus ſubdita eſt* (a), *ergo & veſtra*, écrivoit Saint Bernard à Henry, Archevêque de Sens : *Qui vos excepit ab univerſitate ? Certè qui tentat excipere, tentat decipere.*

(a) S. Bernard, Epiſt. 42,

Il ne faut qu'ouvrir le Code, les Novelles de Juſtinien, les Novelles de l'Empereur Leon, & généralement tous les Recueils d'Ordonnances de ces Empereurs pour s'en convaincre.

Et ſans s'étendre davantage à cet égard, on peut ſe renfermer dans quelques-unes de ces Loix qui peuvent s'appliquer à l'eſpece dont il s'agit ; il y en a principalement deux de l'Empereur Juſtinien.

La premiere eſt la Loi *Deo nobis auxilium præbente* 55, au Code de *Epiſcopis & Clericis* §. 3 ; lorſque des *Juifs Eſclaves* quittant le Judaïſme pour embraſſer la Religion Chrétienne ont beſoin de ſecours, l'Empereur commande également aux Evêques & aux Magiſtrats de le leur donner : *Si quis* EX . . . . . *JUDÆIS* . . . . *habuerit* SERVOS *nondum Catholicæ fidei ſanctiſſimis Myſteriis imbutos, si prædicti Servi* DESIDERAVERINT AD ORTODOXAM FIDEM VENIRE . . . . *eos tam* JUDICES PROVINCIARUM *quàm Sacro-Sanctæ Ecclefiæ defenſores* NECNON *beatiſſimi* EPISCOPI DEFENDANT.

La ſeconde eſt la Novelle 123, chapitre 11 ; il y avoit dès-lors des Prêtres & même des Evêques qui entreprenoient de refuſer à des Membres de l'Eglife la Communion ſous des prétextes particuliers, & autres que les cas pour leſquels ce refus étoit autoriſé par les Canons. L'Empereur défend à tous ſans exception, de

refuſer la Communion ſous quelque prétexte que ce
ſoit, à moins qu'il ne ſoit du nombre de ceux por-
tés expreſſément par les Canons ; il pourvoit à faire
réintégrer celui à qui le refus a été fait ainſi, & en
même-tems il réprime l'entreprise en preſcrivant au
Supérieur de l'Auteur du refus, de lui infliger pour
peine la même privation qu'il a voulu faire ſubir : *Omnibus autem*EPISCOPIS ET PRESBYTERIS *interdicimus ſegregare aliquem à Sacra Communione, antequam cauſa mon-
ſtretur, propter quam ſancta Regula hoc fieri jubcat. Si
quis autem præter hoc à Sancta Communione quemquam
ſegregaverit, ille quidem, qui injuſtè à Communione ſegre-
gatus eſt, ſolutus excommunicatione à majore Sacerdote,
Sanctam mereatur Communionem. Qui verò aliquem à
Sanctâ Communione ſegregare præſumpſerit, modis omnibus, à Sacerdote ſub quo conſtitutus eſt, ſeparabitur à Communione quanto tempore ille perſpexerit ; ut quod injuſtè
fecit, juſtè ſuſtineat.*

Nos Rois ont de la même manicre veillé au maintien de la Religion, de la Foi & de la diſcipline Eccleſiaſtique ; en donnant des Loix à ce ſujet ; les Capi-
tulaires de Charlemagne, tous les Recueils de nos Ordonnances, toutes nos Hiſtoires Eccleſiaſtiques & Séculieres en contiennent des preuves ſans nombre.

C'eſt l'exécution de ces Loix qui eſt confiée d'une maniere toute ſpéciale au Parlement aſſemblé, & pour laquelle il eſt Dépoſitaire de toute la portion de la Puiſſance Royale qui peut être néceſſaire.

Le Parlement, TOUTES LES CHAMBRES ASSEMBLE'ES,
n'a point les mains liées par les prérogatives accordées
au Clergé dans les Lettres Patentes de 1695, qui quoique données en forme d'Edit, ne ſont point une Loi gé-

nérale, puifque toutes les Chambres n'ont pas été convoquées pour fon enregiftrement.

Cela ne fignifie point que le Parlement, TOUTES LES CHAMBRES ASSEMBLE'ES, doive confiderer ces prérogatives comme non avenues. Le Souverain eft Maître de fes graces, & lorfqu'il les a faites, le Parlement, TOUTES LES CHAMBRES ASSEMBLE'ES, loin de les perdre de vûe, fera au contraire toujours occupé & même jaloux d'en faire jouir ceux qui les ont obtenues.

Mais cela fignifie que le Parlement, TOUTES LES CHAMBRES ASSEMBLE'ES, fans porter à ces prérogatives la moindre atteinte, & en confervant même précieufement ces prérogatives pour *l'édification* de l'Eglife, à laquelle la fageffe du Prince les a deftinées, peut s'inftruire à fonds de l'abus qu'on ofe en faire, empêcher qu'on ne les faffe fervir à la *deftruction* de l'Eglife contre leur deftination, & réprimer un abus que la religion, que la profonde piété du Prince ne lui a pas permis de prévoir.

Or nul abus des prérogatives accordées aux Miniftres de l'Eglife, & fpécialement aux Evêques & aux Curés, plus marqué que les refus dont il s'agit.

Le Curé de Saint Sulpice fçait que l'Adminiftration du Baptême lui eft dévolue fur fa Paroiffe; il n'ignore pas qu'en même-tems que c'eft un fervice & une dette de fa part, c'eft auffi une prérogative attachée à fon titre; il eft parfaitement inftruit que tant que *Borach-Levy* réfidera fur fa Paroiffe, lui feul doit le baptifer, & qu'aucun autre Curé ni aucun autre Prêtre ne peut lui donner le Baptême avec les folemnités prefcrites, fans fa permiffion ou de fon ordre; il enfeigne lui-même à fes Prônes, & fait enfeigner dans fes Cathéchifmes,

la

la néceffité effentielle du Baptême, & le rifque que l'on court de le différer. Il avoit promis en confé- quence de cette Doctrine, de l'adminiftrer dans l'oc- cafion préfente ; il fe retracte aujourd'hui : n'eft-ce que pour différer ? Non, il refufe tout-à-fait : Mais pour quelle caufe ? Il n'en veut point exprimer au Catéchumene qui l'en prie, l'en requiert, & l'en fomme même. Ce Curé commet en cela deux délits : 1°. En refufant le Baptê- me il n'acquitte pas le Service & le Miniftere qu'il doit. 2°. En refufant d'en dire les caufes, il méconnoît l'autorité de la Loi qui l'y foumet, & s'arroge un em- pire qu'il n'a pas reçu. Se peut-il un abus plus ma- nifefte !

M. l'Archevêque de Paris fçait que par le concours de la Puiffance Ecclefiaftique & de la Puiffance Sécu- liere, c'eft aux Curés qu'eft dévolue l'adminiftration du Baptême ; qu'un Curé ne peut refufer ce Sacrement fans caufe légitime ; que ce Curé, qui le refufe, doit en dire la caufe au Catéchumene qui la demande. Il y a plus, M. l'Archevêque, Superieur d'un Curé qui fe rend coupable d'un tel refus fans vouloir ni pouvoir en donner de raifon, eft prépofé pour l'en punir, & pour lui ordonner d'acquitter fa dette.

En effet, les Lettres Patentes de 1695 lui recom- mandent fpécialement & lui enjoignent de veiller à la confervation de la difcipline. Pourquoi donc M. l'Ar- chevêque qui devroit réformer le Curé prévaricateur, eft-il celui-même qui par la défenfe qu'il a faite de donner le Baptême, oblige le Curé de prévariquer ? Cette défenfe n'eft pas écrite, il eft vrai ; mais le chan- gement fubit du Curé qui avoit promis, & qui enfuite refufe, l'affectation de ce Curé de ne vouloir point

L

dire de caufe de fon refus, le refus qu'a fait & qu'a réiteré M. l'Archevêque lui-même à *Borach-Levy*, & dont *Borach-Levy* affure avoir pour Témoins le Pere Lamblat & encore d'autres perfonnes ; les menaces faites à l'Interpréte *de Borach-Levy* le jour même de la priere & réquifition faite au Curé ; l'abfence fubite de l'Huiffier à laquelle il eft impoffible d'attribuer d'autre caufe que d'avoir prêté fon miniftere ; tous autres Officiers intimidés & refufans de prêter le leur, quoique néceffaire & forcé : Toutes ces circonftances réunies rendent trop conftant le fait de cette défenfe. Or quelle plus grande révolte contre la Religion, contre les Canons, contre les Loix Ecclefiaftiques & Séculiéres : & en même-tems quel plus grand abus du refpeſt que le Roy par la pieté tout-à-la-fois la plus profonde, la plus entiere & la plus éclatante, fait fi juftement rendre par tous fes Peuples au caraſtere Epifcopal !

De tels abus ne peuvent être réprimés efficacement que par le Parlement, *TOUTES LES CHAMBRES ASSEMBLÉES*, & font néceffairement de fa competence.

C'eft donc au Parlement, TOUTES LES CHAMBRES ASSEMBLÉES, que *Borach-Levy* doit recourir, & il ne le peut que par la dénonciation de ces abus.

Cette dénonciation peut fe faire ou par Requête en forme, ou par un Mémoire de faits bien détaillés ; le récit dépofé chez de Langlard, peut fervir à cet égard, & eft fuffifant, en y joignant les pieces mifes fous les yeux du Confeil fouffigné.

Il y a lieu d'efperer que fur cette feule dénonciation, & attendu les menaces faites à l'Interpréte, l'abfence

fubite de l'Huiſſier qui a ſignifié la réquiſition au Curé
de Saint Sulpice, la timidité des Officiers dont il a requis inutilement le miniſtere, le riſque qu'a couru le
Dimanche des Rameaux le Pere Lamblat d'être aſſaſſiné
pour ne vouloir pas l'abandonner, le riſque qu'il a couru
lui-même lors de l'offre faite des 800 livres au Prêtre
de Sainte Marguerite, & le riſque qu'il court tous les
jours, le Parlement, TOUTES LES CHAMBRES ASSEMBLE'ES,
lui accordera, DE PAR LE ROI ET DE PAR SA COUR,
SAUVEGARDE & protection comme il l'accorda à Nicole
de Veires Archidiacre de Sens, contre ſon Archevêque,
par Arrêt du dernier Février 1372, rapporté dans les
Preuves de nos Libertés, chapitre 35, n. 22.

Il y a également lieu d'eſperer, qu'attendu l'impoſſi-
bilité de trouver des Officiers qui veuillent prêter leur
miniſtere pour conſtater le refus de M. l'Archevêque,
& en apprendre de lui-même les cauſes, le Parlement,
TOUTES LES CHAMBRES ASSEMBLÉES, voudra bien, s'il
l'eſtime néceſſaire, en commettre à cet effet, en leur
accordant par les mêmes raiſons DE PAR LE ROI ET
DE PAR SA COUR, SAUVEGARDE & protection.

Que ſi le Parlement, TOUTES LES CHAMBRES ASSEM-
BLÉES, ne juge pas néceſſaire de s'informer des cauſes
du refus de M. l'Archevêque, ou ſi M. l'Archevêque
perſévere dans ſon refus, & ne veut pas en expliquer
les cauſes; le Parlement, TOUTES LES CHAMBRES ASSEM-
BLE'ES, indépendemment de ce qu'il eſtimera devoir
ſtatuer ſur ce refus par rapport à l'interêt de la Religion
& de l'Etat, (ce qu'il faut laiſſer à ſes lumieres & à ſa
ſageſſe,) a le droit de commettre, ou le Curé de la
Paroiſſe du Palais Archiépiſcopal de Paris, ou tel autre
Curé de Paris que bon lui ſemblera, pour verifier dili-

gemment & fans frais, tant par lui-même que par lePere
Lamblat fi. *Borach-Levy* eft inftruit & difpofé fuffifamment pour recevoir le Baptême , & au cas que ce Curé
commis l'eftime ainfi , lui adminiftrer fans délai ce
Sacrement avec les folemnités requifes.

Que la Cour , en commettant quelque Curé pour
examiner & baptifer au cas requis *Borach-Levy* , puiffe
faire perdre au *fieur* Curé de Saint Sulpice les droits
qu'il a fur ce Cathécumene fon Paroiffien; c'eft ce qu'on
ne peut dans l'efpece préfente , révoquer en doute.
L'Eglife & l'Etat n'ont point en effet concouru par leur
autorité à ériger des Eglifes Paroiffiales , ces deux
Puiffances n'ont pas confirmé le privilege qu'ont de
Droit divin les Curés d'être dans leurs Paroiffes les Miniftres ordinaires des Sacremens, pour les laiffer devenir
dans la fuite les Maîtres abfolus & arbitraires de leur
adminiftration & difpenfation ; ainfi toutes les fois
qu'un Curé abufe de fon autorité , il peut être puni ,
même par la privation de l'exercice de fon droit : *Revo-
cantur* (privilegia) décide Æneas Sylvius dans fon
Traité *de ortu & autoritate Imperatoris Romani* , *cap.* 15 ,
*cùm malè utuntur , qui illa funt affecuti. Privilegium
meretur amittere , qui conceffâ fibi abutitur poteftate.......
irritantur , fi damnofa Reipublicæ reperiuntur...... nec fane
privilegia ulla* CONFERRE VEL TOLERARE CÆSAREM CON-
VENIT *, quæ vel delicta inducant , vel communem auferant
commoditatem..... Cum privilegium quod olim utiliter con-
ceffum eft , damnofum efficitur , fatius eft evellere malam
arborem ..... quæ Reipublicæ officit..... quam nutrire.*

De-là les différentes commiffions que laCour a fouvent
données dans des occafions moins effentielles , dans le
cas, par exemple , de refus par l'Ordinaire de donner fon
vifa ou inftitution Canonique à des Ecclefiaftiques qui

avoient titre & capacité pour l'obtenir, ainſi qu'il ſe voit ès Arrêts des 12 & 21 Juillet 1612, énoncés en un Arrêt du 27 Juillet 1612, & un autre Arrêt du 31 Décembre 1612, rapportés tous dans le Recueil de nos Libertés, chap. 21, nombres 5 & 6.

Si la Cour a jugé que les Evêques méritoient d'être dépouillés du droit qui leur appartient de donner l'inſtitution canonique, parce qu'ils avoient refuſé d'uſer de ce droit, à plus forte raiſon eſt-elle en droit de punir les refus injuſtes des Sacremens, & ſpécialement du Baptême, par la privation du droit qui appartient au Curé, coupable de ces refus, d'être dans ſa Paroiſſe le Miniſtre ordinaire des Sacremens ; mais comme il n'eſt ni juſte ni convenable que celui à qui ces refus ſont faits, ſoit privé de recevoir les Sacremens; de-là la néceſſité de commettre un Prêtre pour les lui adminiſtrer. C'eſt à la Cour qu'il appartient de commettre en pareil cas: Premierement, parce qu'elle ſeule eſt à cet effet éminemment la Dépoſitaire de la plenitude de l'Autorité Royale. Secondement, parce que l'unité du Sacerdoce rendant l'adminiſtration des Sacremens une dette dont tous les Paſteurs ſont ſolidairement tenus elle ſeule eſt en droit, malgré la diſtinction des Paroiſſes, de contraindre tel des Paſteurs qu'elle choiſit, à acquitter la dette commune, qui eſt auſſi la ſienne propre. La diſtinction des Paroiſſes n'a pas détruit cette ſolidité; tout ce que cette diſtinction a produit ſe réduit à la néceſſité de s'addreſſer d'abord à ſon propre Paſteur pour lui demander l'adminiſtration des Sacremens ; mais lorſque le Curé refuſe ſans cauſe légitime, alors le Particulier qui ſouffre le refus doit recourir à l'autorité de la Cour à qui appartient non-ſeulement de contraindre le Refu-

fant par faifie de fon temporel, comme il eft arrivé en
1632, à l'égard des Curés d'Amiens qui refufoient pendant la contagion, d'adminiftrer les Peftiferés, & qui,
après qu'ils furent rentrés dans leur devoir, obtinrent en
Janvier 1633 main-levée de cette faifie par Arrêt de
la Cour, rapporté au Journal des Audiences (*a*); mais
même de commettre un autre Curé, & de lui donner
territoire pour ce, même à perpétuité, comme il a été
jugé *par plufieurs Arrêts pour la Ville de Paris*, ainfi qu'il
eft attefté dans le même Journal (*b*).

(*a*) Tome III. liv. IV. chap. I. page 361, édit. de 1687.

(*b*) Ibid.

Délibéré à Paris le 15 May 1752.

POTHOUIN D'HUILLET, TRAVERS.

www.ingramcontent.com/pod-product-compliance
Lightning Source LLC
Chambersburg PA
CBHW050614210326
41521CB00008B/1247